億を稼ぐ人の考え方

中野祐治
Yuji Nakano

The Billionaire Mind

きずな出版

「ドンー！　ドンー！
ドンー！　ドンー！」

扉を叩く音で目を覚ます。
寝ぼけ眼にドアを開けると、２人組の強面の男が立っていた。
首根っこを掴まれて、

「親どこに行ったんじゃ！」

と叫ぶ強面の男たち。
おどろき、恐怖を感じた私は、

「知りません！」

と答えるのが精一杯だった。

「嘘つけこら！　しばきまわすぞ！」

心臓が飛び出そうだ……。

昨日の姉からの電話を思い出す。

電話口では、姉が泣いていた。

そして姉は、こう言った。

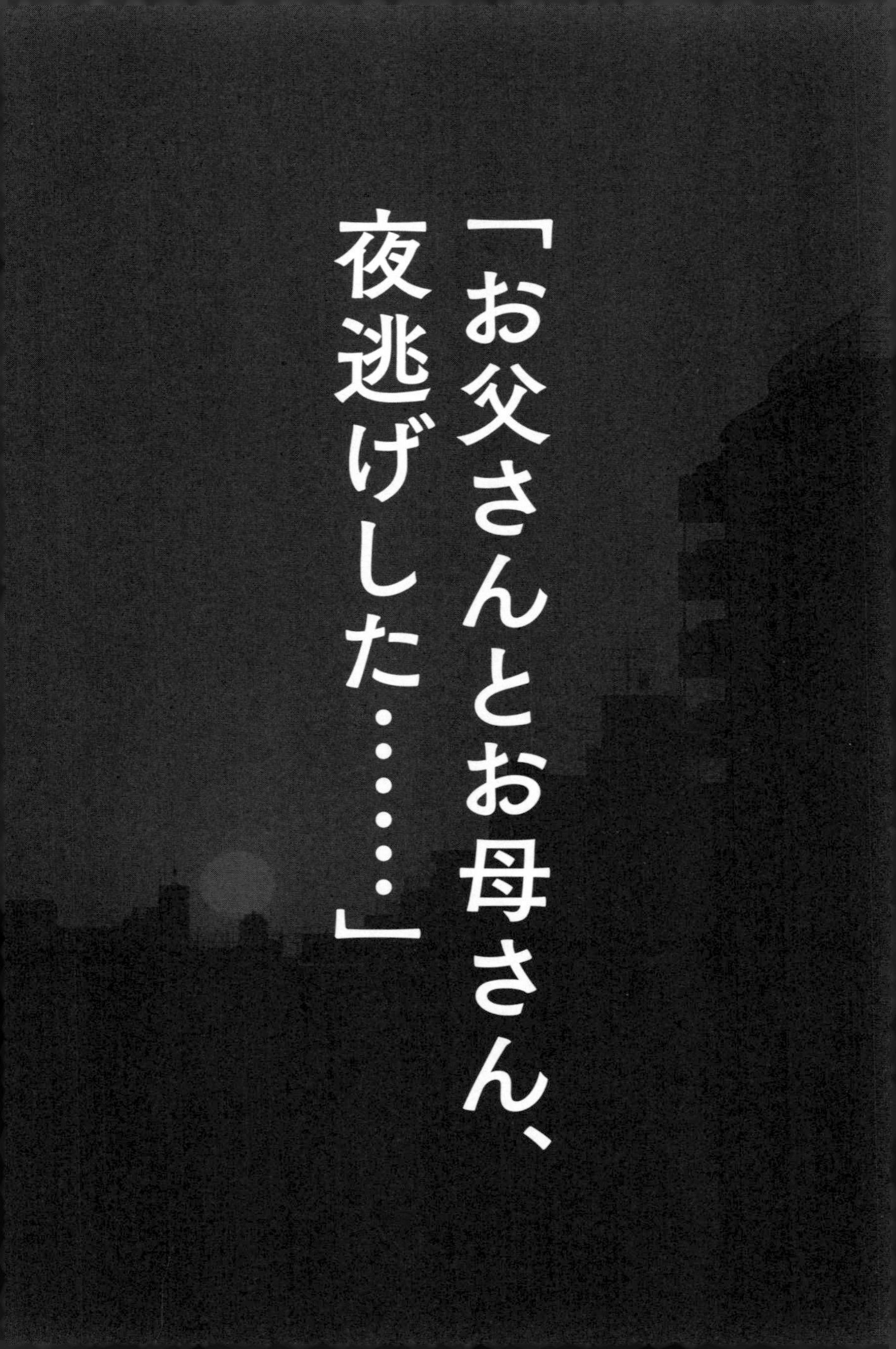
「お父さんとお母さん、
夜逃げした……」

Prologue

いきなりこんな話で、おどろかせてごめんなさい。

この話は実際に私が体験したことなので、もう少しだけご紹介させてください。

姉からの電話を受けて、頭のなかが真っ白になり、一瞬パニックになりました。

「親戚のおじちゃんおばちゃんを追いかけて、東京方面に逃げたみたい。あんたのとこにも怖い人が来るかもしれんから、気をつけてね」

人生において、そんなことが起こるなんて思ってもみませんでした。

よくよく聞くと、親が親戚の借金を肩代わりしており、その親戚が夜逃げしたので、親もその親戚を追いかけて夜逃げをしたという。

「ほんまに怖い人来たんや……」

正確な親の居場所は知らなかったので、

「知りません！　警察に行きましょう！」

の一点張りで答えていたら、隣の家の人が出てきました。

「本当に知らないんだ」と悟ったのか、その2人はあきらめて帰っていきました。

放心状態でした。なんとか準備をして会社に行きましたが、その日は仕事がまったく手につきませんでした。

仕事を早々に終え、家に帰り、私は泣き崩れました――。

申し遅れました、中野祐治と申します。

人生には、お金が必要です。

私にとっては両親の夜逃げでしたが、会社の倒産やリストラなどに遭い、お金と真剣に向き合わざるを得ない方もいるでしょう。

一方で、そういった出来事が一度も起こらずに、お金と真剣に向き合うというチャンスを得ない人もいます。

しかし、いまの時代は誰もが、日本の現状とお金の状態、将来の人生について真剣に向き合う必要があります。

あなたはいま、お金、経済状態、将来の人生、そして日本の未来について、どれくらい真剣に向き合っていますか？

かくいう私も、両親の夜逃げということがなければ、お金や人生に真剣に向き合う機会はなかったかもしれません。

その経験から逃げずに、真剣にお金と人生に向き合った結果、会社員から独立し、ビジネスオーナー、投資家、不動産オーナー、講演家として活動し、いまでは年収も億を超え、

お金のために働く世界からは卒業しました。

なぜ、それができたのか?

小手先のスキルだけではなく、マインドそのものが変わったからです。

「億を稼ぐ人の考え方」を身につけることができたからです。

そして「億を稼ぐ人の考え方」を身につけることは、あなたにもできます。

本書の目的は、あなたのお金、経済状態、将来の人生、そして日本の未来について真剣に向き合い、解決していくための道を示すことです。

「いまよりも収入を上げたい」

「自分の将来に漠然とした不安がある」

「何かを変えたい」

「少しでも成長したい」

「人生をもっとよくしたい」

「時間的にも経済的にも自由になりたい」

そういった人に読んでいただき、人生とお金に向き合い、「億を稼ぐ人の考え方」を身につけてもらうための本なのです。

日本では、なぜかいまだに「お金の話はいやらしい」と考えている人が多いようです。お金は私たちの毎日の生活と切っても切れないものにもかかわらず、お金に関して深く考えたり、話題にしたりすることを、どこかタブーとする風潮があります。「お金のことばかり言うのはよくない」「お金持ちは悪い人」といったイメージが家庭や学校教育、そしてメディアによって根付いているためです。

お金の話をすると嫌われるという思い込みがある。だから、お金に真正面から向き合うことから逃げているのかもしれません。

学校教育でも、お金に関することをきちんと教えられることはありません。

そのため、巷にあふれるたくさんの情報のなかから、何を判断材料にしてお金のことを考えればいいのかが、私たちは大人になってもよくわからないのです。

「お金の話」とは、表面的な「儲け」の話ではなく、そのお金を稼ぐことができた要因や根拠について、興味を持って考えることです。

たとえば企業の儲け話は、会社員の立場としても、消費者の立場としても、日常的にしているはずです。

「あの企業の業績がいいのは、マーケティング戦略がハマったから」
「あの会社はこんなビジネスモデルで儲けているらしい。うちの会社だったら、こうすれば儲かるんじゃないか」
「この商品が売れてるのは、このモデルを起用してるからかな」
「このお店、これだけ行列ができているから、相当儲かってるんだろうね」

みんなで一生懸命、議論やうわさ話をします。これも「お金の話」です。
このように、企業も個人もお金を稼ぐことに興味があるはず。

それなのに、個人がお金を儲けた、稼いだという話になると、とたんに「いやらしい」と感じる人が多い。おかしいですよね。

個人のお金の話でも、「なぜあの人は資産を何億円もつくれたのか」「なぜビジネスで儲けられるのか」という議論をして、その成功の要因や価値観、判断の基準を考えてみると、お金に関する知識が増えて、興味も出てくる。

だから、もっとお金の話をして、お金と向き合う必要があると思うのです。

お金の話をしないから、お金の知識も深まらず、お金が寄ってこない。

たとえば、友人があなたを避けているとします。あなたは嫌な気持ちになりますよね？

あなたもその友人を避けるようになるのではないでしょうか？

お金もこれと同じです。

あなたがお金を避けたら、お金もあなたを避けるようになります。

逆に、あなたに好意を寄せてくれる友人がいたら、あなたも嫌な気にはなりませんよね？

同じように、お金も好意を持たれたら嬉しいのです。

お金に真剣に向き合いたいのに、向き合えない。

そんな矛盾を、あなたも抱えているのではないでしょうか。

そうした感情は、自分の現状に向き合えない、自分の人生に向き合えない、そして日本の現状に向き合えないということにつながっているのではないでしょうか。

自分の問題も、家庭の問題も、国の問題も、根っこは「お金」である場合が多いです。

私たちが自由で自立した状態でいるためには、どうしてもお金が必要です。

そのために大切にすべき思考と習慣を、この本でプレゼントします。

本書が、あなたの人生とお金への向き合い方を激変させると信じています。そして、時間的にも経済的にも自由な人になるための第一歩になると、確信しています。

さあ、いまから人生とお金と向き合い、「億を稼ぐ人の考え方」を身につけましょう。

Contents

億を稼ぐ人の考え方

現実を見ろ

Chapter 0

Chapter 1 億を稼げる人の「常識」

Chapter 2 億を稼げる人の「働き方」

Chapter 3 億を稼げる人の「考え方」

Chapter 4

億を稼げる人の「お金」

Chapter 5

億を稼げる人の「生き方」

Chapter 0

現実を見ろ

あなたは、いまの自分の「お金」に満足していますか？

質問です。


あなたは、自分が得ている給料に満足していますか？

その給料は、あなたの仕事内容や仕事量に対して「妥当」な額ですか？


自分の給与明細をこまかく見てください。

「けっこう税金取られてるなあ」

「これだけ働いて、この金額か？」

「もっと給料をもらってもいいはず！」

いろいろな思いがあると思います。

あなたの「本当の給料」は、いったいいくらなのでしょうか？

そもそも給料とは、どうやって決まっているのでしょうか？

簡単に言うと給料は、

「あなたが明日も同じように働けるために必要なお金」

です。

難しく言うと、

「あなたの労働力の再生産コスト」

です。

あなたが明日も同じように働くためには、
・食事をとる必要があります＝平均的な食費
・休むために寝る必要があります＝平均的な家賃
・服を着替える必要があります＝平均的な衣服代
・適度にリフレッシュする必要があります＝平均的なリフレッシュ費用

つまり、これらの合計が「あなたの労働力の再生産コスト」です。

会社はこの金額をもとに、給料の基準を決めています。

あなたが仕事でどれだけがんばったか、どれだけ成果を上げたかは考慮されていません。

「能力給や成果給をうたっている会社はたくさんあるぞ！」という反論もあるでしょう。

たしかに実際には能力や成果も給料に反映される場合もあります。しかし、それはあくまでも「多少のプラスα」でしかありません。

日本企業の場合、ほとんどが「あなたの労働力の再生産コスト」の合計が給料です。

ですから、みんなと同じように普通に食事をして、普通の家賃の家に住んで、普通の服を着て、普通にリフレッシュしていたら、まったく残らない——というわけです。

だから給料日前になると、みんなお金がないのです。

つまり、稼ぐ手段として給料だけに頼っていては、豊かになれるわけがないのです。

会社は従業員をお金持ちにしようとは思っていません。会社の持ち主をお金持ちにするために存在します。

こう考えると、「会社員を続けて、出世してお金持ちになる」のを期待すること自体がズレた考えと言わざるを得ません。

高度経済成長期の日本であれば、会社で一生懸命働くことが、豊かで幸せな人生につながったのかもしれません。しかし、いまの日本は違います。あなたもそろそろ気づいているはずです。会社で働くことが、豊かで幸せな人生につながらなくなっているのです。

私自身も、こういった現実を知る前は「一生懸命勉強して、いい大学に入って、いい会社に入れば豊かで幸せな人生を送れる」と思っていました。

しかし、社会人として2年ほど経験を積み、先輩や上司の姿を見て、「なんか、違うんじゃないか……?」と思い始めました。

そんなときに、ある本に出会い、衝撃を受けました。世界的ベストセラーの『金持ち父さん貧乏父さん』（ロバート・キヨサキ著／筑摩書房）です。

『金持ち父さん貧乏父さん』のなかでは、「給料をもらって、使って……という労働者はラットレースから抜け出せない」と書いてありました。

「俺って完璧に貧乏父さんや！」「俺、スーパーラットレーサーや！」と思いました。

たしかに出世すれば、給料は上がるかもしれません。

しかし、給料が上がると必ず支出も増えます。給料が上がると、生活レベルも上げたくなるのが人間の欲求です。一度上げた生活レベルはなかなか下げられません。

支出は収入に比例して増えていくのです。

あなたの先輩や上司も、毎月給料日前にはお金がないと言っていませんか？

結果として、何年働いても手元にはお金がほとんど残らないのが現実なのです。

年収1200万円でも金融資産ゼロという人たち

とくに大きな問題なのが、「金融資産がない世帯」の増加です。

金融広報中央委員会の2016年のデータによると、2人以上世帯で3割強、シングル世帯に至っては5割近くが貯蓄がありません。さらに、この割合はじわじわ増え続けています。

» 貯蓄ゼロの割合の推移（全年齢）

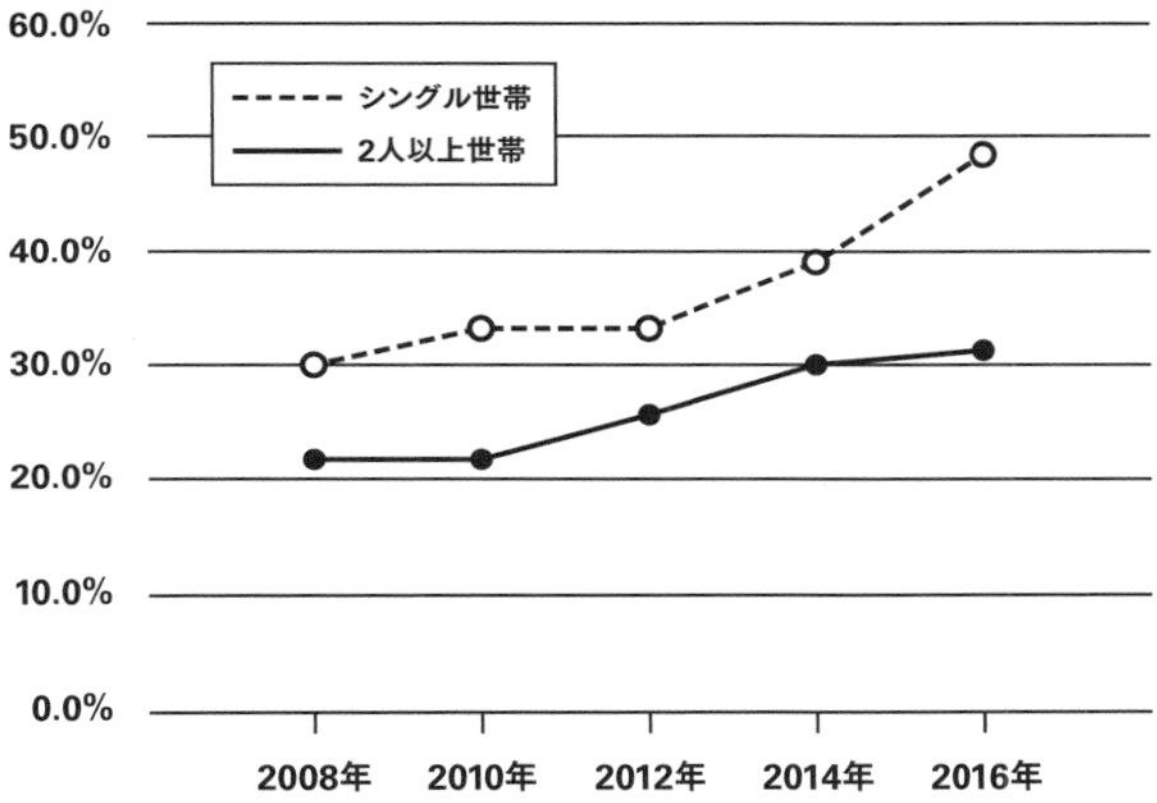

» 貯蓄ゼロの人の収入の分布

	2人以上世帯	シングル世帯
収入ナシ	54.5%	75.4%
300万円未満	40.5%	55.9%
300～500万円未満	29.8%	36.3%
500～750万円未満	23.7%	20.8%
750～1,000万円未満	15.7%	22.9%
1,000～1,200万円未満	20.3%	20.0%
1,200万円以上	8.7%	19.0%

金融広報中央委員会「家計の金融行動に関する世論調査（2016年）」より作成

貯蓄がない人のなかでとくに多いのは「収入がない」世帯で、次が「年収300万円未満」の低所得世帯です。たしかに収入がない、または少ないから貯蓄ができないのは理解できます。

その一方で、**「年収1000万円〜1200万円未満」の層でも20・3%、「年収1200万円以上」でも8・7%が貯蓄ゼロ**（2人以上の世帯の例）というのです。

高所得でも、家計のコントロールができないと、貯められない場合もあるということです。

手元に残ったお金だけで、あなたとあなたの家族の未来を明るくできますか？

幸せいっぱいで、不安のない老後を過ごすことができますか？

実際の収入はいくらで、どれくらい差し引かれているか知ってますか？

もらっている給料のうち、あなたが自由に使える額はどれくらいですか？

あなたの、そして家族の未来を真剣に考えるためにも、まずはしっかりとあなたの現実と向き合いましょう。

私たちが乗る船は、絶対に沈まないのか

厳しい話をしましょう。

２０１９年5月10日、財務省は国債や借入金、政府短期証券を合わせた「国の借金」の残高が3月末時点で１１０３兆３５４３億円になったと発表しています。

２０１８年12月末と比べて、２兆８２７８億円増え、過去最高を更新。

２０１９年４月１日時点の総務省の人口推計（１億２６２３万人　概算値）で単純計算すると、国民１人あたり約８７４万円の借金を抱えていることになります。

それに対して、国の税収が年間約63・５兆円。

単純計算で言えば、国が借金を返すには、税収すべてを借金の返済に充てたとしても、20年近くかかるということです。

もちろん、税収をすべて返済に充てれば、公共サービスなどがすべて止まってしまうのだから、現実的ではありません。

しかも、この1103兆円の借金は、利子だけでも毎年8兆円です。さらに毎年32～33兆円もの新規国債を発行し、新たな借金を増やし続けている。日本政府の借金が大変なことになっているのです。

これが、国が必死になってあなたのお金を搾り取ろうとする答えです。

財務省の資料によると、我が国の一般会計予算（平成30年度）を手取り月収30万円の家計にたとえると、毎月、給料収入を上回る38万円の生活費を支出し、過去の借金の利息支払い分を含めて毎月17万円の新しい借金をしている状況になるそうです。

家計の抜本的な見直しをしなければ、子どもに莫大な借金を残し、いつかは破産してしまうほど危険な状況だ、と。

これは国が発表している公のデータです。政府は隠しているわけではないのです。

では、この事実に向き合っている人が、はたしてどれほどいるのでしょうか？

国に借金があることはなんとなくわかっていても、まさかここまでの大きな借金になっているとは思ってもいなかった、という人もいるかもしれません。

なぜ、こんなにも危機意識がないのでしょうか。

「自分だけは大丈夫」などと思っていませんか？

おそらく、「日本が破綻するはずがない」という過信でしょう。

ギリシャやキプロスで起こった預金取り付け騒ぎは記憶に新しいとは思いますが、じつは日本もかつて預金封鎖をしたことがあるのをご存じでしょうか？

それは１９４６年であり、たった70年前の話です。

自分の預金が自由におろせなくなることは、ある意味、財政破綻と言っていいでしょう。

しかも、当時よりも現在のほうがひどい借金を抱えているのです。

「とはいっても、それは終戦直後でしょ？　経済大国になった現代の日本で、まさか」と思いますか？

一度あることは二度ある可能性があります。

なにごともそうですが、前例があると、実施するハードルは低くなります。

これだけひどい状況であれば、国が必死になって借金返済に動くのはあたりまえです。

インフレ誘導もじつは借金返済を目論んでのことです。お金をガンガン刷って円安にし、物価を上げ、お金の価値を下げる。**お金の価値が下がるということは、「借金の額も下がる」ということです。**

国にはもう手段を選んでいる余裕がないのです。確実にお金を取れるところから取ろうとするのもうなずけます。

つまり、現役で働く会社員などから、確実に取っていくのです。

将来の保証も不確実で、搾り取られるだけ搾り取られる。

国の借金の返済の目途も立たない。

沈みゆく船からは脱出するしかありません。自分の身は自分で守るしかないのです。

「下流老人」「老後破産」という結末

人口減少、少子高齢化が進む日本では、たびたび年金のことがニュースで騒がれています。年金について年齢別での厚生労働省のデータをもとに、学習院大学教授の鈴木亘氏が試算した数字があります。

厚生年金の「もらえる額―支払う額」を計算し**〝何歳代までが年金で得をして、何歳代からは損をするのか〟**が一覧にされたものです（２０１８年時点）。

70歳：３０９０万円の得
65歳：１７７０万円の得
60歳：７５０万円の得

55歳：1７0万円の得
50歳：３４0万円の損
45歳：８00万円の損
40歳：1２２0万円の損
35歳：1５９0万円の損
30歳：1８９0万円の損
25歳：２1２0万円の損
20歳：２２８0万円の損
15歳：２３４0万円の損
10歳：２３６0万円の損

見てわかる通り、得をするのは55歳までで、それ以降の人は損をします。とくに40歳以下になれば１０００万円以上という、かなり多額の損になります。

年金崩壊は、若い人にとっては厳しい現実です。

年金制度ができた1961年当時は、若い世代11人で年金受給者1人を支えるという計算でした。それがいまや、2~3人で年金受給者を支えなければならない。

そして、2030年になれば、1人を1人で支える時代になります。

しかも寿命が伸び、1961年当時は平均して5年間程度支えればよかったものが、いまや10年間となり、2030年は20年間支え続ける必要があるそうです。

いままでの運用では、公的年金で高齢者を支えるのは無理があるとして、政府は年金の運用先として、株式投資の比率を上げています。

2015年3月末、公的年金の積立金の運用先における日本株の比率は、2013年の14・6%から23%まで上げています。外国株の比率も12%から22%へと上げています。

当然ながら、価格変動の大きい株式に投資することで、運用リスクも高まります。

世界中を見渡しても、公的基礎年金の50%近くを、リスクの高い株取引で運用している国はどこにもありません（2015年10月時点）。

あまりにも危険だと思いませんか？

現実を知ったうえで、どう生きていくか

日本人の寿命はどんどん長くなっていきます。

いまや80歳以上の人は1000万人を超えました。

2053年には、日本の人口は1億人を割ると見られています。

人口減少にともない、高齢者人口も2042年以降は減少に転じる見込みですが、総人口に占める割合はその後もゆるやかに増加すると考えられています。

一人暮らしの高齢者の数も激増しています。施設不足、人手不足で施設に入れない「介護難民」の高齢者の問題が、テレビや雑誌でも頻繁に取り上げられるようになりました。

あなたは65歳から85歳までの20年間で、どれくらいのお金があれば安心な老後を暮らしていけると思いますか？　夫婦2人で1年間にいくら必要ですか？　食費、住居、光熱費、医療費、娯楽やその他の費用など、老後にかかるお金は想像以上に多いです。

その1年分を20倍すれば、老後に必要な資金がわかります。

古きよき時代は、退職金で住宅ローンを完済できたり、公的年金がこの金額の大部分を満たしてくれたかもしれません。

いまはどうでしょうか？　退職金はあてにできますか？　年金はあてにできますか？

そして、年をとってから働けますか？

「下流老人」「老後破産」などという言葉も、最近よく聞くようになりました。

これはまぎれもない事実です。あなたの未来に危機が差し迫っているのです。

こういったデータを知ったうえで私たちにできることは、政府や国に文句をつけるという見苦しく無様なことではありません。自分の老後資金を、いまのうちから計画してつくっておくことです。

国や政府を批判したからといって、自分の老後が安泰になるわけではありません。人生の責任は、ほかの誰でもない自分自身が背負っているのです。

私たちができることは、世の中の真実を知り、そして適切な対策をたて、自らの手で幸せを掴み取ることなのです。

がまんと妥協の人生は、いますぐやめなさい

さて、Chapter 0では少し厳しい話をしました。

さまざまな日本のお金の現実を直視し、向き合ってきました。

- **あなたの給料は労働の再生産コストであり、膨大な税金を取られたあとの残りカス**
- **日本経済は危機的状況であり、国は手段を選ばずにあなたから税金を取ろうとしている**
- **人口減少、少子高齢化が進む日本では、「下流老人」「老後破産」もあり得る**

これらの現状、リアルを知って、あなたは今後どうしますか？

仕方ないと思って、がまんと妥協の人生で終わりますか？

サラリーマンとして〝だけ〟働いて、賃金を得るのでは、これから待ち受ける困難な時代は生き抜いていけない可能性が高いと思いませんか？

現実と向き合ったうえで、自分の未来を自分の手で変えるための努力をしていく必要があります。そのためには、あなたのお金や人生に対する常識を、新しい常識、豊かで幸せになる常識に変える必要があります。

それはちょっとした冒険が必要なことかもしれません。しかし、そのチャレンジがあなたの未来を大きく変えます。

何が起こるかわからない人生を、惰性で生きていいのか？

私自身も24歳のときに『金持ち父さん貧乏父さん』を読み、衝撃を受け、その後に人生のメンターとの運命の出会いで変化しました。

メンターの起業塾に入り、そこで学んだことを実践していきました。

3年間は会社員をしながら、週末を使って起業にチャレンジしていきました。

当時は大企業にいましたから、そのままがんばっていれば、もしかしたら係長なり課長なり、何かしらの役職に就いていたかもしれません。

しかし、お昼休みに当時お世話になっていた係長、課長の会話を聞いていると、残業ばかりで時間がない、給料もさほど上がらないなど、がまんと妥協の会話ばかりでした。

そして、その会社は数年前に倒産しかけて、海外企業に買収されてしまいました。

たくさんのリストラをし、当時の私の同期も何人かリストラされ、家を買ったのに給料が下がってローンが払えないなど、路頭に迷っている状況もうわさで聞きます。世界的な一部上場企業が、です。

人生、何が起こるかわかりません。私は、がまんと妥協の人生ではなく、チャレンジする人生を選んで本当によかったと思います。

さあ、あなたはどうしますか?

次の章では、人生を変えるために、あなたの常識に向き合っていきましょう。

Chapter 1

億を稼げる人の「常識」

尊重はするが、アドバイスは聞くな

私たちは、生きているなかでさまざまな常識に縛られています。

そして、うまくいかない人、稼げない人ほど、その常識に振り回される傾向にあります。

この章では、そんな「常識」を見つめなおすことから、始めていきます。


まず、人生の先輩方を人として尊重することは大事なことです。

しかし、人として尊重することとアドバイスを聞くこととは別問題です。

たとえば、あなたが営業の仕事をしているとしましょう。

数字が伸びていない、結果を出していない先輩のアドバイスを聞きますか？

聞かないですよね。

そのアドバイスは、数字が伸びない、結果が出ないアドバイスだからです。

結果には原因があります。

その先輩のアドバイスが的確なら、先輩も結果を出しているはずです。


「失われた20年」という言葉を聞いたことがある方も多いと思います。

失われた20年とは、日本経済が、バブル期終焉後である1990年代前半から約20年以上にわたり低迷した期間をさします。そして、ここからはさらに「失われた30年」になるのではないかと言われています。

日本はほとんど成長していないのです。

名目GDPで言うと、わずか1割程度の成長です。

ちなみに同じ時期にアメリカは3倍、中国は27倍の成長をしています。

世界上位60国を見ても、この期間に成長していない国は日本以外ほとんどないのです。

もしも、日本もほかの国と同じように成長し、学校の先生も会社の先輩も親も経済的に豊かという状態であるなら、先輩方のアドバイスを聞けばいいでしょう。

しかし、先輩方は伸びていないし、経済的に豊かになっていないのです。

「人生の先輩のアドバイスは聞くものだ」という常識から脱却する必要があります。

それは会社の先輩であっても、親であっても、学校の先生であってもです。


その方々がどれだけ人間的にいい人であっても、その先輩方が経済的に豊かになっていないのであれば、アドバイスを聞いてはいけないのです。

アドバイスは、理想の結果を出している人からのみ聞け

私がメンターに出会ったとき、メンターは27歳でした。

もともとサラリーマンのところから、週末起業として起業した方です。

27歳当時で月収３００万円、稼いだお金は寄付し、お弟子さんがたくさんいて、お弟子さんのためにお金を使っていることが多かったです。

私もご飯をご馳走してもらったり、旅行にもたくさん連れて行ってもらい、旅費や食費などもすべて出していただきました。

そして、「もっと仕事をして、もっと稼いで、寄付もいっぱいして、税金もいっぱい払って、社会に貢献する」とおっしゃっていました。

私が描いていた、理想の人生を送っていらっしゃる方でした。

そういった結果をつくっているメンターの起業塾で学ばせてもらったからこそ、いまの結果があります。

あなたがもし、「いまよりよくなりたい」「時間的にも経済的にも自由になりたい」と思うのであれば、その結果をつくり出している人のアドバイスを聞くべきなのです。

貯金なんてするな

日本人は貯金が好きだと言われます。

その常識は誰がつくったのでしょうか？

明治初期には、イギリスにあこがれてつくった郵政を成功させるためのプロパガンダ（特定の主義・思想についての政治的な宣伝）がおこなわれました。

昭和には軍費の財源確保のための、貯蓄奨励のプロパガンダがありました。

そして戦後はＧＨＱもそれを利用しました。

結局のところ、日本人の現金預金主義は、為政者によるプロパガンダの名残りなのです。

たしかに私たちの親世代は、貯金をしておけば年間７％で運用ができていた時代でした。

預金や、預金代わりの保険での運用は正解だったのです。

しかし、これからの時代、貯金をしていて意味があるのでしょうか？

100万円を10年間預金しても、1000円しか増えない時代

日本のメガバンクの預金利率を見てみましょう。

預入期間は1か月物から10年物まで、預入金額は300万円未満から1000万円以上まで、とにかくすべての利率が同じ。2020年1月時点で、年0・01％です。

このような状態なのだから、当然、10年物の定期預金を組むなんていうのは愚の骨頂と言えるかもしれません。

まして普通預金の利率は年0・001％。

これはもう、雀の涙と言わざるを得ないでしょう。

仮に100万円を1年物定期預金で10年間運用したとしましょう。金利水準は変わらないとします。さて、いくらになるでしょうか。

税引前で１００万１０００円です。利息はたったの１０００円。

10年間も運用して、たったの１０００円しか増えないのです。

これがマイナス金利時代の現実です。

もし時間外に何度もＡＴＭで預金を引き出したりしたら、その時点で利息以上のコストを支払うことになり、実質的に預金は元本割れしてしまいます。

こんな時代にまだ、貯金は美徳という常識に縛られていていいのでしょうか？

「常識は為政者やマスメディアが、誰かの都合にいいようにつくっている」と思ったほうがいいかもしれません。

ちなみに、２００１年に確定拠出年金が始まり、２０１４年にＮＩＳＡが始まり、ジュニアＮＩＳＡというものまであります。**現在、政府は貯蓄よりも投資を奨励しています。**

貯蓄の常識を投資の常識に変えようとしているのかもしれません。

私たちはそういったプロパガンダに、まどわされてはいけないのではないでしょうか。

家を買うなら、借り入れせずに買え

「持ち家は資産」という常識もつくられたものです。「車は資産」という常識も同じです。資産とは、持っているとお金が増えるものであり、負債とは、持っているとお金が減っていくものです。

そう考えると、家も車も自分で使っているかぎり負債です。

家であれば、一度入居してしまうと価値は大きく下がります。固定資産税は持っている間はかかるし、傷んでくると修繕費もバカになりません。自動車も同様です。車検、駐車場代、重量税、自賠責、ガソリン代。どれも私たちの口座からお金を奪っていくのです。

しかも、ローンを組むと利息まで持って行かれます。

とくに住宅ローンを組んで家を買ったなら、住む人にとっては負債であり、銀行にとっての資産であるということになります。

日本の住宅ローンの起源

日本で住宅ローンが始まったのは、明治時代。

意外なことに、銀行などの金融機関ではなく、不動産業からでした。

日清戦争が終わり、経済が活性化してくると、これまで住宅の取得にあまり縁のなさそうだった一般市民が家を買うことを検討するようになりました。

しかし、このころは住宅ローンのような制度がなかったことから、一般の金貸しから資金を借りて家を買うという方法しか取れませんでした。そのため高利貸しなど、悪質な業者が暗躍するようになり、社会問題となっていました。

この状況を憂慮した安田財閥の始祖である安田善次郎が、「東京建物」という不動産会社を興し、ここで建物の売買から、それに伴う割賦《かっぷ》払いの制度を創設したのです。

1896年のことですから、じつに120年以上前に住宅ローンは始まったのです。

そして、その後、小林一三（阪急電鉄の始祖）による「土地付き住宅の月賦販売」が功を奏して、関西地区での中間層の土地購入が広まるきっかけとなりました。

小林一三は明治の終わりごろ、いまの阪急電鉄の元になった鉄道を開業しました。

当時は鉄道建設ブームで、すでに阪神、南海、京阪などは都市間を結ぶ鉄道として開業していました。そんななか、小林一三は大阪の中心・梅田から、ほとんど人の住んでいない寒村に電車を走らせたのです。

「あんな田舎に電車をつくって、バカじゃないだろうか」と誰もが思いました。

しかし、彼は鉄道を開業させる前に、沿線に広大な土地を買っていました。そして区画をしっかり計画した住宅地を開発しました。急速な工業化によって、大阪などの大都市の住環境が悪化しつつあることに目をつけていたのです。

「郊外に住んで、都市に通勤する」という常識をつくり出したということです。

おまけにその住宅に、一般の会社員が買えるように「月賦」という支払い方法を取り入れました。サラリーマンでも買えるような仕組みを提供したのです。

これで小林の開発した郊外住宅は、飛ぶように売れました。

かつての日本は高度経済成長期で、人口もどんどん増え、土地代も上がり続ける特殊な時代でした。住宅ローンで家を買った人は、土地と家の価値が上がり、買ったときよりも高く売れて、それによって財を成した人も多かったようです。

しかし、いまはどうでしょうか?

高度経済成長期でもなく、土地の価値がどんどん上がっていく時代でもありません。買った瞬間から値段が落ちていくものに対して、長期ローンを組んで、莫大な借金をするのはいかがなものでしょうか?

日本はこれから人口がどんどん減っていきます。**ですが、新しいタワーマンションはどんどん建ってきています。どう考えても供給過多です。将来は空室だらけになり、資産価値が上昇するどころか、むしろ下落する一方です。**

それなのに、

「賃貸住宅に居住していたら、家賃は毎月捨てているようなもの」

「同じくらいの金額の負担をするのであれば、持ち家に払ったほうが資産になる」

などの常識を、誰かが刷り込んできたのです。

とりわけ、近年都心部に続々と建設されたタワーマンションは、都心居住の象徴として人気が高いです。タワーマンションを買った多くの人が、将来自分が手に入れたマンションが値上がりすることを期待しているといいます。

本当に「将来資産になる」のでしょうか。

私はあるとき、都内のとある湾岸タワーマンションを「買った場合」と「賃貸の場合」でシミュレーションしてみたことがあります。

こまかい数字は省略しますが、とあるタワーマンションの一部屋を買った場合は「8587万円」でした。

これが賃貸住宅の場合、住んでいるマンションは自分の資産にはならないものの、25年間で「6250万円」の賃料を支払うだけで済みました。

さて、本当に大事なのはここからです。

賃貸より25年間で約2337万円も多くのお金をつぎ込んだとしても、「26年目からは自分の資産になる」というのが〝持ち家有利論〟の根拠となっています。

たしかに、賃貸住宅は26年目以降も賃貸住宅です。

しかし25年後、ついに自分のものとなったマンションは、どんな資産になっているのかということに想いをめぐらす人はあまりいないようです。

ローン完済後にそびえ立つのは、経年劣化著しい「築25年のマンション」です。一部のブランド立地のマンションを除いて、資産価値が上昇する可能性がほとんど期待できないなか、（資産価値を維持向上させる）修繕工事のための追加費用が必要になります。

入居者世帯も、25年もたてば時代の変化の波にさらされる。全員が同じように希望を持って取得した湾岸タワーマンションも、すっかりコモディティ（汎用品）化していることでしょう。

建物代が不動産価値の多く（試算では4分の3）を占めるタワーマンションは、25年もたてば、劣化によりその価値が半分以下になっていても不思議ではないのです。

純粋に資産価値に重点をおいた「投資」として捉えた場合、25年後に取得額を維持できず、場合によっては半額くらいに元本が減じてしまう投資商品は、本来誰も買わないでしょう。

あなたが長期ローンを組んで家を買って、得をするのは誰か？

不動産業者、建設会社、固定資産税が入る地方自治体、金利を得る銀行……彼らがつくった常識に踊らされてはならないのではないでしょうか。

家を買いたい！　その理由は何ですか？

ここまで偉そうに語ってきたのですが、私はこのことを理解したうえで、持ち家を建てました。もちろん考えがあってのことです。

ちなみに私は賃貸派です。でも、妻が持ち家派なのです。

私は昔から、お金ができたら自分自身はタワーマンションに住みながら、できたお金で収益物件を買い、家賃収入を得ようと思っていました。

実際、結婚して子どもが生まれてからは、大阪市内のタワーマンションの33階に住んでいました。

事業をがんばっていった結果、1億円のキャッシュをつくることができたので、「そろそろ収益物件を買いたいな」と妻に話したところ、妻は「子どもがもうすぐ小学校に入学するから、家を建てたい」と言いました。

私も妻も同じメンターに学んできたので、「持ち家はお金を生まない」ということは、もちろん妻もわかっていました。

そのことをわかっている妻が、それでも家を建てたいというのであれば、それを叶えてあげたいと思い、妻へのプレゼントだと思って家を建てることにしたのです。

私の父が昔に自営業で建築士をしていましたから、父に設計デザインを一緒に考えてもらいました。父も喜んでいたので、少しは親孝行ができたかなと思っています。

どうせ建てるなら面白い家にしたいと思い、地下室をつくりました。

地下1階、地上3階と屋上テラスがある家で、土地と建設費用で2億円かかりました。

地下室は35畳のバールームにし、友人を呼んでパーティができるようにしました。プロジェクターとミラーボールとスモークマシンも付けました。

1階は玄関を入ったらガラス張りの駐車場があり、2台の愛車が飾ってあるように見えるようにしました。あとはお風呂と脱衣室。脱衣室が暑かったり寒かったりしないように、エアコンをつけました。2階は50畳のLDKと家事室と妻専用の洗面台。アイランドキッチンで毎日妻が美味しい手料理をつくってくれています。3階は寝室と子ども部屋2つと書斎と納戸の5部屋。屋上は50畳でソファーとテーブルがいくつかとガゼボがあり、屋上でBBQや5メートルの竹で流しそうめんをしたりしています。

7000万円だけ借り入れをしましたが、5年でほとんど返したので、金利もほとんど払っていません。お金を生む資産になっているわけではないですが、妻も子どもも両親も友人も喜んでくれているので、まあいいかなと思っています。

私の場合は、「妻と子どものため」と「親孝行」という理由があったため購入しましたが、それでも1億円のキャッシュができたうえで、さらに金利でも損をすることのないように計算して購入しました。あなたもどうしても家を購入したいということであれば、「何のために?」を冷静にジャッジすることです。

賃貸のほうがいいという意見は変わりませんが、私のように数年で住宅ローンの返済ができたり、一括で土地付きで無理なく購入できる場合に限り、購入するのもアリだと思います。

「サラリーマン」が死語になる時代

私たちは学生の間に、社会の役に立つ存在になるように教育されます。

「起業後5年間の倒産率が90％」というデータを見た記憶はありませんか？

無条件にこの数字だけを見せられたら、起業は厳しい世界だと、子どもでも理解できます。

食べていけなくなる、職業を失って惨めな思いをする、そういったイメージが強化され、起業という選択肢を無意識に避けているのです。会社員になるのがあたりまえという常識が刷り込まれています。

私もいまでは起業していますが、『金持ち父さん貧乏父さん』を読み、メンターに出会うまでは、起業なんて考えたこともありませんでした。普通に会社員としての一生涯を送ると思っていました。

メンターに出会い、起業の道があるということを教わったときに、

「商売や起業は危険じゃないんですか？　リスキーじゃないんですか？」

と聞きました。

「中野君の勤めている会社は、誰かの商売がもとになっている会社じゃないの？　誰かが起業したんだよね？　じゃあ中野君の会社も危ないし、リスキーなんじゃないの？」

と言われ、ハッとしました。

そして、実際にその10数年後に、私が勤めていた大企業は倒産しかけて、海外の企業に買収され、大勢リストラをしています。


「自分の勤めている会社だけは大丈夫」と思っている方は多いです。

本当にそうなんでしょうか？　あなたの勤めている会社だけは安全なのでしょうか？

いまや会社の平均寿命は30年から20年へと、どんどん短くなってきています。

大企業も例外ではありません。

アメリカでは、大企業トップ500社のうち過半数が15年以内に消滅しています。

「Compaq」「Kodak」「Radio Shack」「Circuit City」「Blockbuster」「Borders」「Polaroid」など、世界的な企業が消えてしまったのです。

あなたはこの事実をどう感じますか？　スタートアップではなく、たとえ長い実績を誇る大企業であっても、比較的短いスパンで、その存在が脅かされているのです。

日本でも、たとえ倒産はしなかったとしても、大企業はリストラを平気でします。いや、大企業だからこそ大胆なリストラに踏み切ります。

台湾の企業に買収されたシャープは、３２３４人のリストラを実施。さらに７０００人の削減が噂され、それでもなお再建は難しいと言われています。

不正会計で問題になった東芝は、リストラや早期退職を含めて、国内外７８００人の人員を削減。

世界60か国に展開するグローバル企業の横河電機、日立建機、田辺三菱製薬といった一部上場企業も、相次いでリストラや早期退職をおこなっています。

名前は出しませんが、世界的なあの大企業も「リストラ部屋」と呼ばれるセクションがあるらしいです。正式名称は「キャリア開発室」。ここに送られたら最後、仕事は奪われ、退職加算金や転職エージェントの紹介を受け、退職に追い込まれるそうです。

公表されているだけでも、1999年から2015年までの16年間に、約8万人以上がリストラにあっているというのもうなずけます。

2017年にも、三大メガバンク合計で3万2500人のリストラ発表がありました。

このように、大企業であればあるほど会社を守る力が働き、社員を見殺しにします。

それでも大企業が安定していると言えますか？

自分で船をつくれる人材になれ！

昔は、大型客船に乗っていれば、無事に人生のゴールまで連れて行ってくれたのかもしれません。

しかし、いまや沈まない船はないのです。

絶対に安全な船がないなら、小さくてもいいから自分でボートをつくっている人のほうが安全だとは思いませんか？

自分で0からボートをつくれる人は、そのボートが沈んでしまってもまたつくれるのです。ほかの人を救うこともできるかもしれません。

大型客船に乗っていただけで、自分でボートをつくったことがない人は、いざ船が沈んだときにボートをつくれないのです。

これまでの常識というのは、一生懸命勉強して、いい大学を出て、大企業という大型客船に乗れば一生安泰という常識だったかもしれません。女性であれば、「船＝結婚相手」と読めるかもしれません。

いまやそういう時代ではないと、賢明な読者のあなたであれば、理解できると思います。

「企業中心社会」から「個人中心社会」へシフトしていくということ。

会社はダウンサイジングし、会社員の数もどんどん減っていくということ。

いまの日本社会は9割がサラリーマンであるため、独立したり、フリーでやっている人は少数ですが、戦後間もない1950年代は、サラリーマンは約35〜50%でした。ひと昔前の昭和時代は、個人商店などを含め、自分で事業をやっている人のほうが多数の時代でした。

「働く＝サラリーマン」という常識は、ここ何十年の常識というだけです。

もちろん、戦前にもなればもっとサラリーマンはいませんでした。

もしかすると数十年後には「サラリーマン」という言葉すら死語となっており、企業に勤めて働くことがイレギュラーな時代となることも十分に考えられるほど、これから先の経済社会というのは大きく変化していくのです。

世界の変化に前のめりであれ

２０２０年以降は、激動の時代と言われています。

これから、世界はどう変わるのか？

年功序列はなくなり、完全な実力社会へとシフトしていくでしょう。

「ゾンビ企業」と呼ばれるような、国や銀行が救ってきた旧体質な大企業が、倒産や解体となっていくでしょう。とくに建設業、流通業、農林水産業、マスメディアなどがその代表格とされています。

ロボット、AI、ビッグデータ、IoTなどの第4次産業革命が進み、身のまわりの機械のほとんどがネットにつながり、自動で動くようになるでしょう。

いままで人の手でおこなっていたことが、機械に置き換わっていきます。人間の購買行動も変化していくでしょう。生活パターンをデータで取られているので、日用品がないと思ったらＡＩがすでに注文していて、窓からドローンで届いている、という生活になる可能性もあります。

5Gが普及していき、データの遅延が0・1秒未満の世界になります。

これによって、ＳＦでよく出てくるような３Ｄホログラムで、遠くにいてもその場にいるかのようなコミュニケーションが可能になります。

仕事が場所の制約を受けなくなり、そもそも「会社に出勤する」という概念がなくなるでしょう。

医療でも、遠隔操作で手術が可能になり、日本にいながらアメリカの名医の手術が受け

られたりするようになるでしょう。

より自由に患者が医師を選べるようになり、地の利や既得権益でやっていたところは衰退し、真に実力がある病院や医師に人気が集中するでしょう。

これは医師だけでなく、どの専門職にも言えることです。

要介護者・障がい者の定義も変わっていくでしょう。

ロボティクスの発達により、高性能な義手、義足、義眼などができ、健常者と変わらない生活ができるようになり、障がい者という意識すら人々のなかから消えていくでしょう。足腰が弱って動けない高齢者も、パワードスーツによって普通に動けるようになるでしょう。介護ロボットの普及で、「若い人が介護をしなければならない」という常識もおそらくなくなるでしょう。

自動運転の普及で、車は運転席がなくなり、「移動式の部屋」でくつろいでいたら、目的地についているということになるでしょう。

タクシー、バスの運転手、電車の運転士はいなくなります。
ビルの地下駐車場も必要がなくなってくる可能性が高いです。実際に、アメリカなどでは、いまから建てるビルには地下駐車場をつくらないものが増えています。

女性がさらに活躍しやすい時代になっていくでしょう。

2016年4月には女性活躍推進法が全面施行され、「女性が輝く職場は発展する」という風潮が加速しています。
これまで男性性に偏りすぎていた社会から、男性性と女性性のバランスの取れた社会構造に変化していくでしょう。

雇用という形態が限界になり、個人事業主がどんどん増えていくでしょう。

エイベックスの松浦勝人社長は、「雇用には限界がある。個人事業主に切り替えて、プロジェクト制にする」と言っています。
未来予測の第一人者リンダ・グラットン氏は、2025年には日本は会社員と個人事業主で二極化していくと言っています。

このように、これまでの常識がどんどん変わっていきます。

あなたは変化についていく人ですか？　変化に乗り遅れる人ですか？　変化に前のめりな人ですか？

「もっとも強い者が生き残るのではなく、
もっとも賢い者が生き延びるのでもない。
唯一生き残るのは、変化できる者である」

―チャールズ・ロバート・ダーウィン

Chapter 2

億を稼げる人の「働き方」

あなたの時給はいくらですか？

あなたは、社会人になってから自分自身の「時給」を計算したことはありますか？
月給でしか考えないようになっていませんか？
ここでは、あなたの働き方と向き合うために、リアルな時給を計算してみましょう。
あなたの1日の仕事のための拘束時間（家を出てから帰るまで）は、何時間ですか？
1か月に何日働いていますか？
1か月間の手取り金額（税引き後）はいくらですか？
「1か月のお給料÷勤務時間」が時給です。

私自身も、会社員時代にこれを計算してみました。
家を朝6時半に出て、7時には会社に着き、毎日24時くらいまで仕事をして、家に帰るのは24時半過ぎでした。

18時間×23日＝414時間

当時は手取り20万円くらいでしたから、

20万円÷414時間＝483円

これが私の時給でした。愕然としました。
メンターから、「収入は世の中からの通信簿だよ」と教えてもらったことがあります。
そういう意味では、私の通信簿は最悪でした。
あなたの通信簿はどうですか？

プロスポーツ選手は、自分の年棒を前年よりも上げることにこだわります。それは自己価値を上げること、成長することにこだわるということです。

給料が出なくても、いまの仕事ができますか？

私は会社員時代、「毎年自分の価値を上げていく」「収入を上げていく」なんて、考えたことがありませんでした。目の前の仕事に一生懸命で、やりがいがあって、「俺はこの仕事を好きでやっているんだ」と思っていました。

あなたも、いまの仕事が好きで、やりがいがあるからやっていると思っているかもしれません。

では、もしいまの会社からお給料がもらえなかったとしても、その仕事をやり続けますか？　やりがいがあるから、タダ働きをしますか？

私はこの質問に「イエス」とは言えませんでした。

この質問にイエスであれば、本当にその仕事が好きで、やりがいのためにやっているのでしょう。でも、もし給料がもらえなかったら仕事はしないんだとしたら、それはお金のために仕事をしているということになります。

「この仕事が好きだからやっている」といくら力説しても、辞めたら食っていけない状況では説得力がありません。

逆に会社員をしながらでも、自分のビジネスを持ち、会社員以外の収入を持ったうえで、

「**会社員以外の収入源があるから、いまの会社に勤めなくても生きていけるけど、いまの仕事が好きだからやってるんだよね**」

と言えたら、本当に仕事が好きで、やりがいを持ってやっていると言えるでしょう。

空前の「大副業時代」の到来

たまに、「私の会社は副業禁止なんです」と言う人がいますが、政府が副業を推奨していることはご存じでしょうか？

2018年に厚生労働省によって、モデル就業規則にあった「許可なく他の会社等の業務に従事しないこと」という文章が削除され、「労働者は、勤務時間外において、他の会社等の業務に従事することができる」という規定が新設されました。

つまり、国が率先して副業・兼業を推進しているということです。

政府が副業を推奨する4つの理由

政府が副業・兼業を推奨している主な理由は４つあります。

【政府が副業・兼業を推奨する理由１】

「人手不足対策」

大きな社会問題として、少子高齢化に伴う「働き手」の不足があります。

ひとつの会社でしか会社員が働くことができなければ、高齢化社会の進行と共に、ますます人手不足が深刻になっていきます。そこで政府は、副業促進活動に舵を切り、サラリーマンが複数の仕事を持つことができる制度を整えたのです。

【政府が副業・兼業を推奨する理由２】

「増税対策」

日本の財政悪化は歯止めがかからず、借金は増え続けています。国民の収入を増やさなければ、税金の支払いがされなくなる。そのことを政府は懸念しているのです。副業をすることによって収入が増加し、税金が支払われやすくなることを期待しているのです。

【政府が副業・兼業を推奨する理由3】

「年金対策」

定年後の生活を心配する声があとを絶ちません。

年金受給額が下がっていくことが懸念されているからです。

政府は、国民に「副業を通じて収入を増やし、将来へ向けた貯蓄につなげてほしい」というメッセージを送っているのです。

【政府が副業・兼業を推奨する理由4】

「国民一人ひとりの生産性アップによる国力強化」

人々が副業を通じて経験値を増やし、生産力を上げてほしいという狙いもあります。国民の生産力は国力そのものなので、今後待ち受けているさらなるグローバル化の時代に向けて、日本全体で世界経済への価値を上げたいのです。

また、アメリカなど他国に比べて、日本は圧倒的に起業家が足りません。副業を通じてビジネスが生まれる可能性も期待しているのです。

企業が副業を推奨する2つの理由

以上の4つは政府、つまり国の理由ですが、もちろん企業にも理由があるようです。企業が副業を認める背景は、簡単に言うと2つです。

【企業が副業・兼業を推奨する理由1】
「社員の生活を永続的に保証することが困難になってきているため」

1つめは後ろ向きな理由で、主に大手メーカーの工場などに多いです。業績悪化により給料ダウンが避けられず、「会社の給料だけではあなたの生活は保証しきれないので、自分でプラスオンで稼いで、自分の生活は自分で保証してくださいね」ということです。

これと同じ考え方の代表的な日本企業に、日産自動車、三菱自動車、キヤノン、ブリヂストン、デンソー、花王、トヨタ車体、三菱ケミカル、東芝、富士通などがあります。

【企業が副業・兼業を推奨する理由2】

「優秀な人材の流出を避けるため」

2つめは前向きな理由で、「優秀な人材を確保する」ためです。

優秀な人材であればあるほど、各種プロジェクトからの誘いや、会社を通さない形で直接仕事を依頼されるケースも多くなります。

副業規定の制限があると、「副業がNGなら会社を辞めようかな」と、より魅力的で自由度の高い会社に引き抜かれてしまうということが起こります。

これは企業にとって大きな痛手であり、リスクです。ならば「優秀な人材を組織に留めておくために、副業を容認しよう」ということになるのです。

これと同じ考え方の代表的な日本企業に、エンファクトリー、サイボウズ、リクルート、メルカリ、アクセンチュア、ビズリーチ、ヤフー、グーグル、クラウドワークス、日本オラクル、ソフトバンク、ディー・エヌ・エー、エイチ・アイ・エス、日本マイクロソフト、ミクシィ、ロート製薬、ユニ・チャーム、レノボ・ジャパンなどがあります。

自分で自分の所得を上げる、スキルや環境はありますか？

とくに株式会社エンファクトリーは「専業禁止」、つまり「会社の仕事だけをしていてはいけない」というユニークな制度を導入しています。

自身の事業を持つことで起業家精神やスキルが身につくので、人材が早く育ち、本業のほうも加速しているといいます。

株式会社エンファクトリー代表取締役社長ＣＥＯである加藤健太氏は、次のように述べています。

「個人が会社に尽くしきることって、リスクのある世の中だと思うんです。リーマンショックのときもそうでしたけど、多くの企業がリストラを実施しましたよね。そのなかで副業の禁止を外す会社も出てきた。ひとつの会社で一心不乱に働くことでの保障がなくなる、不確実な時代だと実感しました。だからこそ、人生や仕事を自分自身でデザインする必要がある。主体的な選択肢を持っておくことって、個人として必須だよねっていう考えです」

ヤフーも副業を認めています。すでに副業を持つ社員の数は数百人に上るそうです。ヤフーの湯川高康チーフコンディショニングオフィサーは、

「社員の面倒を会社が一生見られるわけではない。社員にも個人としていろいろな経験を積んで準備をしてほしい。会社はその環境を整えるべきだ」

と述べています。

すでに世の中はこれだけ変わっています。経済の先行きが見えない不確実な時代において、収入源が会社の給料だけというのはリスクが高いと思いませんか？

リーマンショックのような経済危機や、震災などの大きな自然災害が起これば、瞬時に経済が停滞し、個人の所得はますます打撃を受けます。大企業でも突然倒産するリスクも

あります。**収入源が1つということはかなりのリスクです。**


私も実際に会社員時代に、副業として週末起業をしました。

当時の会社の就業規則は見たことがありませんでした。

「会社の仕事を疎かにする気はないし、土日のプライベートの時間を自分の将来のために使うんだから、別にいいじゃん」

と思ってました。

一度だけ酔った勢いで、同僚に起業のために勉強していると言ったことがありました。

そのときは、こんなやり取りをしました。


「起業なんて危ないからやめとけ、お前が成功できるわけがない！」

「いきなり会社を辞めるわけじゃないし、週末の休みを使って立ち上げるから大丈夫」

「休みの日にまで勉強して仕事するなんて、よくやるな」

彼は、休みの日は普通に遊んでいました。大反対されて一瞬は凹みましたが、自分の人生をよくするためにがんばろうと思い、継続し、人生を変えました。

その同僚がいま、何をしているかは知りません。

ですが、ひとつ確かなことは、私たちが当時いた会社は大リストラをしたということです。彼の人生がよくなっていることを祈るばかりです。

公務員だって安泰ではありません。

労働者の所得を上げて、大きな社会保障費を賄うための副業・兼業の解禁という流れです。

そうなると民間や公務員など関係なく、労働者は自分の所得を上げなければ、今後は生活水準を維持することができなくなるはずです。

社会保障費を確保するためには、公務員だから副業は禁止などと言っていられないのです（いまでも正確には公務員の副業は〝制限がある〟だけで〝禁止〟ではない）。

近い将来、公務員の副業が解禁されることは間違いないでしょう。

そのとき、あなたには所得を上げるために必要なスキルや環境はありますか？

年収3000万円までは、ひとつのビジネスに集中する

「中野君の将来のビジョンは何？」

私がメンターと出会ったときに、最初にされた質問です。

「いまの会社でがんばって出世していくことです」

と答えました。するとメンターに、

「それは仕事のビジョンだよね？　人生のビジョンは？　どんな人生にしたいの？　どん

な生き方したいの？」

と聞かれました。

私は答えることができませんでした。

どんな人生にしたいか、どんな生き方をしたいかなんて考えたことがなかったのです。

会社に就職したら、ずっとその会社で勤めて、あとは老後の人生、と世間一般で言われる普通の人生を過ごすくらいにしか考えていませんでした。

人生の目的地を考えてなかったのです。考えようともしていませんでした。

登りたい山を決め、案内人を決めよう

あなたは旅行に行くとき、まずは行き先、目的地を決めますよね？

目的地を決めたら、それからどんな手段、乗り物で行くかを決めますよね？

「大阪からハワイに行くから飛行機で行こう」

「大阪から東京に行くから新幹線で行こう」

「近くのコンビニに行くから自転車で行こう」

というように、行き先を決めてから乗り物を決めます。

では、人生の乗り物が仕事だとすると、あなたは「あなたの仕事」という乗り物で、どこに行きたいのですか？　どういった人生にしたいですか？　人生の旅において、目的地なく漂流していませんか？

人生の目的地を明確に決めている人と、ただなんとなく日々を過ごしている人とでは、数年後の人生に大きな差が出ます。

それは能力の差ではありません。目的地を明確に具体的に決めているかどうかの差です。


ソフトバンクの孫正義さんは「登りたい山を決める」とおっしゃっています。

あなたが登りたい人生という山は、どんな山ですか？

まずは、人生において登りたい山を決めましょう。

素人が単独で山に入っていっては、遭難する可能性が高いです。山のプロに案内してもらったほうが、危険を避けることができ、無事に山頂に辿り着きます。

私にとってはそれが、メンターの存在でした。

また、メンターに次のようにも言われました、

「山頂を目指すにもいろんなコースがある。

小川コース、お花畑コース、岩山コース。どのコースも素晴らしい。

どのコースも、ちゃんと登っていけば山頂に辿り着くんだ。

一番よくないのは、小川コースを登っているときに、『横にあるお花畑コースのほうが楽そうだな』と思って、横にそれて、『やっぱり岩山コースがいいなあ』とまた横にそれて、隣の芝生が青く見えて、一貫性をなくしてしまうことなんだよ。

一度登り始めたら案内人を信じて、一貫性を持って、山頂まではひとつのコースを登り続けることだよ。そして、ひとつの山を極めたら、また違う山にチャレンジすればいいんだ」


私はその教えを守り、まずはメンターに教わりながらひとつのビジネスを立ち上げ、年

収3000万円まではそれだけに集中しました。

そのあとに2社目を立ち上げ、その会社が軌道に乗り、年収が9000万円になってから3社目を立ち上げ、年収1億2000万円になってから4社目を立ち上げました。

一つひとつの山を登りきってから、次の山に挑戦していった感覚です。

もちろん登っていくなかで、多くの障害に出合いました。そのたびにメンターにはげましてもらったり、肩を貸していただくこともありました。

それでも山頂まで行けたのは、一貫性を持って登り続けたからだと思います。

あなたもまずは、人生で登りたい山、目的地を決め、案内人であるメンターを決め、登り始めたら山頂までは一貫性を持って登り続けることをおすすめします。

人生を決める4つの働き方

世の中には、４つの働き方があります。

ロバート・キヨサキが『金持ち父さんのキャッシュフロー・クワドラント』で紹介した、「お金＝キャッシュフロー」を得るための働き方の種類です。

これは経営者であればほとんど全員が知っている概念で、いまでは会話のスタンダードにもなっています。次の４つです。

- **Eクワドラント：Employee（従業員）**
- **Sクワドラント：Self-Employed（自営業者）**
- **Bクワドラント：Business Owner（ビジネスオーナー）**
- **Iクワドラント：Investor（投資家）**

E **Employee** **従業員**	**B** **Business Owner** **ビジネスオーナー**
S **Self-Employed** **自営業者**	**I** **Investor** **投資家**

どこに属するかは、「お金がどこから入ってくるか」によって決まります。

会社の業務時間で縛られているサラリーマンや、時給で働くアルバイトなど、世の中のほとんどの人は給料が主な収入源でしょうから、Eクワドラントの従業員です。

私も会社員として給料をもらっていたので、Eクワドラントにいました。

自分自身の能力、時間を使うことで稼ぐ、飲食店の店主や、フリーランス、「自分の雇い主は自分」というような小さな会社の社長はSクワドラントの自営業者です。

この「従業員」と「自営業者」がキャッシュフロー・クワドラントの左側にきます。

これは、稼ぐお金が大きいか小さいかとは関係ありません。

「お金持ちになるにはクワドラントの左側ではなく、右側に行かなければならない」と単純に考える人もいますが、クワドラントの左側であるEやSの立場にいても、お金持ちになることは可能です。

高給取りであるエリートサラリーマンであるEや、自分自身の高い能力をお金に換えているアーティストやプロスポーツ選手などのSの人々です。

ただし彼らがやっているのは、どこまで行っても「自分の時間の切り売り」です。怪我などで自分の能力を行使できなくなったら、収入は止まってしまいます。

たとえば、高額所得であこがれの職業でもある医師や弁護士も、EやSです。

従業員としての医師や弁護士も、開業している医師や弁護士も、自分がそこにいて仕事をしなければ収入が発生しません。

これに対して、「自分がその場にいなくても、あるいは自分が直接働いていなくてもお金が生み出せる」というのが、クワドラントの右側です。

簡単に言うと、「自分の代わりに、人や仕組みに働いてもらう」ということです。

従業員や仕組みに働いてもらうのが、Bクワドラントのビジネスオーナーです。

そして、人や仕組みではなく「お金」に働いてもらうのがIクワドラントの投資家です。

では、それぞれのクワドラントの特徴をもう少し詳しく見ていきましょう。

Eクワドラント（従業員・サラリーマン）

お金（給料）を会社などからもらっている状態の人が、このクワドラントに属している人です。給料・時給は一定で、10働いたとしたら10の対価をもらうことができます。

わかりやすく説明すると、時給1000円で週5日、8時間働いたとしたらもらえる給料は月16万円となりますし、月の給料が25万円と決まっていれば、その給料で、あなたの1か月の時間を会社が買っているといえます。

Eクワドラントに属する人は、ほかの誰かに代替することが可能です。

あなたが急に休んだとしても、誰かしらがその仕事を代わりにおこなえるように仕事がマニュアル化されていたりします。

稼げる額に上限が存在するのも、Eクワドラントの特徴です。

あなたが24時間365日を時給1500円で働けたとしたら、年収は1314万円です。しかし自由な時間はほとんどなく、心身共に壊してしまう可能性があります。

Eクワドラントの人たちは資格取得や昇進を目指します。「資格を取ったり、出世すればいまよりも豊かになれるはずだ」と考えています。

もしくは、「もっと条件のいい年収のより高いところや、福利厚生の充実した会社に転職すれば幸せになれるはずだ」と考えています。

もちろん、いまより上を目指したり、条件のいい職場に移ることは素晴らしいことです。ただ、昇進してもキャッシュフロー（毎月残るお金）はほぼ変わらない現実があります。

また、転職はEクワドラントからEクワドラントに替えるということなので、転職をすれば人生が大激変するということはないと思います。

たとえば、もし仕事をしなくなった、もしくはできなくなったとしたら、あなたはあと何日生き延びられるか、計算したことはありますか？

貯金÷（支出－仕組みからの収入）＝生き延びられる期間

といった計算式です。

BやIのクワドラントではない人は、仕組みからの収入は0です。

（例）

貯金200万円÷（支出20万円－仕組みからの収入0）＝10か月

となります。いくら高給取りになっても、働けなくなったり、給料が止まったらどうしようもありません。

「安全」「安定」「保証」という言葉をEクワドラントの人は好みます。しかし、いまの時代、「安全」「安定」「保証」はあるのでしょうか？

Sクワドラント（自営業）

お金を自分で稼いで、自分を養っている状態の人が、このクワドラントに属している人です。給料は一定ではなく、かける時間や能力によっては、10働いて20以上の対価をもらうことも可能です。

「起業」というと、一般的にSクワドラントを連想する人が多いかもしれません。

Eクワドラントの特徴と同じで、自分が動かなくなると稼ぎは0になります。

常に自分で動き続け、自分で稼ぎ続けないと収入が入らず、一度でも大きな事故や病気などで動けなくなったとき、収入が0になるのです。

Sクワドラントは「人に使われるのは嫌だ」「自分のやりたいことをしたい」という人

が多いです。

他者との能力差をつければつけるほど収入が上がりやすく、特殊なスキルや能力が必要なことも多いので、必然的に「代わりがいないから、自分がそこにいなければならない」ということになります。

自分の仕事を代わりにやってもらうために人を雇うことが、なかなかできないのです。その仕事をきちんとこなせる人は、自分以外にいないと思っているからです。

また、Sクワドラントの人が誰かに自分の仕事を教え込んだ場合、教えを受けた人も同じように独立することが多いです。

Sクワドラントの人の多くが他人を雇ったり、教育することにあまり熱心ではないのは、仕事を覚えた人が最終的には競争相手となるからです。

だから結局、Sクワドラントの人は一人でせっせと働き、何でも自分でやり続ける。

売上を上げれば自由になれると思ってがんばっても、さらに忙しくなり、自分の時間がなくなるという悪循環に陥ってしまうことがあります。

Bクワドラント（ビジネスオーナー）

ビジネスを立ち上げて、仕組みからお金を得ている状態の人が、このクワドラントに属している人です。

ビジネスの立ち上げにかかる時間に対して、得られる対価はとてつもなく大きくなります。1以下の働きで100以上の対価を得ています。

なぜこのような比率が可能になるのかというと、Bクワドラントの人は人を雇ったり、協力者やチームをつくることで「**時間とお金のレバレッジ**」を使うことができるからです。

たとえば、あるビジネスを思いついて、もしくはビジネスチャンスを手にして、まずは自分で運営してみます。すると、10働いて30の対価を得ることができました。

そこで、このビジネスをビジネスパートナーやほかの人にも提供していき、得られた対価の30％を自分が手数料のように受け取る契約を結びます。

そして、20人のビジネスパートナーやチームといった協力者が増えたとすると、

30×30%×20人＝180

の対価を1以下の働きで手にすることができるのです。

レバレッジとは「てこの原理」とも言われ、少ないモノ（時間・お金・行動など）で大きなモノ（時間・お金・対価など）に作用する仕組みのことを言います。**お金持ちは、このレバレッジの力を最大限に使うことを常に考えて行動をしています。**

Sクワドラントは、自分だけががんばるという意味で、1馬力と言えます。自分の専門性を高めて、自分がスーパーマンになるという発想です。

Bクワドラントはスーパーマンを雇う・手を組むという発想です。たくさんの協力者、チームをつくって、レバレッジを利かせていくのです。

自動車メーカーのフォード創業者のヘンリー・フォードの有名なエピソードがあります。

あるとき、いわゆる知識人と呼ばれる人たちが何人も会社に押しかけ、「あなたは、本当はろくにものを知らない」と言って、フォードの無知を非難しました。

フォードは彼らをオフィスに招き入れ「どんなことでもいいから質問してみろ。答えるから」と言いました。

知識人たちはアメリカ随一のビジネスマンを取り囲み、次々に質問を浴びせました。

フォードは質問にじっと耳を傾け、全員が話し終わると、机の上の数台の電話に手を伸ばしました。

そして、優秀なアシスタントに電話をかけて、質問に答えさせ、最後に知識人たちに向かってこう言ったのです。

「私なら、何か問題があったら、立派な教育を受けた頭のいい人を雇って答えを出させるね。そうすれば自分の頭は常にスッキリとした状態に保つことができ、もっとも大事なことに使えるからね。大切なのは『考える』ことだよ」

ビジネスオーナーの仕事は、専門知識を持っている人を雇って、仕組みをつくり出していくのです。製品がいい、アイデアが素晴らしいというだけではEやSクワドラントで終わってしまうのです。

よく「マクドナルドよりも美味しいハンバーガーをつくることができますか?」と質問すると、「できます」と答えが返ってきます。

材料にこだわり、マクドナルドよりも品質のいいハンバーガーをつくることができるというのです。

しかし次の質問をすると、答えは逆転します。

「あなたは、マクドナルドよりも優れたビジネスシステムをつくることができますか?」

多くの人の答えはNO。

マクドナルドよりも美味しいハンバーガーをつくれたとしても、それを世界中に何億個も提供するためのシステムをつくることは難しいのです。

マイクロソフトの共同創業者ビル・ゲイツは、自分で素晴らしい製品をつくったわけではありません。彼は人の製品を買い、その製品を中心にして、世界中を網羅する強力なシステムをつくり上げたのです。

Bクワドラントの人は自分がいなくてもお金が生まれてくるような「仕組み」を持っています。その仕組みをうまくまわすために優秀な人材を集め、自分のまわりを固めるのです。

仕事を他人に任せるのが嫌いな（自分よりうまくできる人はいないと思っているから）Sクワドラントとは正反対に、Bクワドラントはそうするのが好きなのです。

そうです、Bクワドラントは優秀な人とチームを組み、「仕事」ではなく「仕組み」を持つ、もしくはつくるという考え方なのです。

Iクワドラント（投資家）

お金を有望な会社・ビジネス・投資対象に投資することでお金を得ている状態の人が、

このクワドラントに属する人です。資産を買うことがIクワドラントの人がする行動で、基本的に、お金を提供することでお金を得ています。

たまに誤解している人がいるのですが、単純に株やFXをやることがIクワドラントではありません。

ロバート・キヨサキ氏いわく、

「一般的なFXや株は、ギャンブルにすぎない」

です。彼が言う「投資家」とは、ウォーレン・バフェット級の、億単位の資産を動かす「投資家」を指します。

私が師匠から教えてもらったIクワドラントの定義はこうです。

「僕が思うIクワドラントの参入条件は、
① 万が一なくなっても大丈夫なお金が、5000万円以上あること
② 年間のプラスのキャッシュフローが、3000万円以上あること
だよ。

少額の株やＦＸは投資ではなく投機だよね。つまりギャンブルに近いと言える。毎朝情報を仕入れたり、画面に張り付いて売ったり買ったりしている時点で労働がともなう。売買は卸値で買って小売値で売っている店主と同じ。それはＳクワドラントになるよね。真のＩクワドラントは株を長期で保有して、その配当を得る人。もしくは、不動産を区分所有ではなく一棟で購入して家賃収入を得る人のことだよね」

たしかに、株価や為替は管理下にありません。少額の株やＦＸをするよりは、そのお金を自分磨きのために自己投資したほうがいいのです。

億を稼ぐには、まずはビジネスオーナーを目指せ

あなたは安定を求めますか？　自由を求めますか？

『金持ち父さんのキャッシュフロー・クワドラント』では、

「**E・Sの左側の原動力は『安定』を求める気持ちであるのに対し、B・Iの右側の原動力は『自由』を求める気持ち**」

だと表現されます。

同じ自営業者、社長業でも、Sクワドラントと Bクワドラントでは大きく違います。

左側のクワドラントでは、自分がその場にいなければ収入が発生しません。

右側のクワドラントでは、自分がその場にいなくても収入が発生します。

起業とイメージしたときに、多くの人はSクワドラントを想像しがちですが、SとBで

は同じ起業でも明確に違います。

あなたが経済的にも時間的にも自由になりたいのであれば、まずはビジネスオーナーになることなのです。

ではなぜ、人口のうち90%がキャッシュフロー・クワドラントの左側で働いているのでしょうか？

おもな理由は、学校で習うのが左側のクワドラントについてだからでしょう。

産業時代に一般的になった「筋書き通りの人生」を送る方が多いようです。

人並みの教育を受けた平均的な人間の人生をお金の面から見た「筋書き」は、次のようになります。

学校を卒業し、仕事を見つけ、

しばらくするとある程度のお金が自由に使えるようになる。

若者はアパートを借り、テレビ、新しい服、家具を買い、車も手に入れる。

そして、請求書が次々と送られてくるようになる。

ある日、若者は素敵な異性に出会う。2人は恋に落ち、結婚する。
しばらくの間、2人の生活は幸せいっぱいだ。
2人なら生活費を大幅にカットすることができる。
2人なら収入の道は2つ、家賃は一軒分だけで済む。
若いカップルの夢である持ち家の購入のために、少しだが貯金することもできる。
2人は理想的な家を見つけ、貯めていたお金を引き出して頭金にする。
住宅ローンの返済が始まる。新しい家には新しい家具と電化製品が必要だ。
そこで2人は「頭金なし、月々の支払いも楽」という、
魔法の宣伝文句をかかげる家具屋と電気屋に出かける。
人生は素晴らしい。
2人は新しい家や車、家具、そのほかいろいろな「おもちゃ」を披露するために、
友だちを呼んでパーティを開く。
いまや2人は、一生かかって返済しなければならない借金をかかえている。

それから子どもが生まれる。

高い水準の教育を受け、労働意欲にあふれる平均的な夫婦は、保育園に子どもを預けたあと、息をつく暇もなく仕事に出かける。

2人には安定した仕事が絶対に必要だ。

なぜなら平均的に言って、
このような夫婦は3か月間失業状態が続けば、破産するしかないからだ。

彼らはこう言う。


「仕事を辞めるわけにはいかない。養育費がいるし、請求書の支払いがあるから」


あなたはこのような「筋書き」を望みますか?

私が知っている限り、自由と幸せを求めている人はたくさんいます。

問題は、たいていの人がBやIのクワドラントで活動するための訓練を受けていないことです。

BやIのクワドラントになるための訓練が不足していること。

安定した仕事を求めるように頭にしっかりインプットされていること。

借金がどんどん増えていくこと。

このようなことが足かせとなって、多くの人がキャッシュフロー・クワドラントの左側だけで経済的自由を探そうとしています。

残念なことに、EやSのクワドラントでは、経済的な安定や時間的な自由はめったに見つからないかもしれません。本当の安定や自由は右側のクワドラントにあるのです。

実際のところ、あなたの勤めている会社の社長の仕事は、あなたを金持ちにすることではありません。社長の仕事は、あなたがきちんと給料をもらえるようにすることです。

あなたを金持ちにするのは「あなたの仕事」なのです。

「**金持ちと貧乏人の唯一の違いは、暇な時間に何をするか**」とロバート・キヨサキは言っています。

現代人はひと昔前の人間よりずっと忙しくなっていて、自分の自由になる時間がどんどん減っています。それは承知のうえです。

でも、どうせ忙しくするのなら、キャッシュフロー・クワドラントの右と左の両方で忙しくすることを、私はおすすめしたいのです。

そうすれば将来、より多くの自由な時間と、より大きな経済的自由を得ることができる可能性が増えます。

私も24歳から27歳までの3年間は会社員をしながら、メンターの起業塾でBクワドラントについて学び、そして実践をしました。右と左の両方のクワドラントで一生懸命仕事をし、忙しくしました。

会社で仕事をしているときは、一生懸命働きましょう。

仕事が終わってから、給料と余暇を使って何をするかが、あなたの将来を決めるのです。

キャッシュフロー・クワドラントの左側だけで一生懸命働いている人は、いつまでもそれを続けることになりますが、右側で一生懸命働いている人には、自由を見つけるチャンスが与えられます。

あなたがもしEやSの人で、右側のクワドラントに移りたいのであれば、まずはBに行くことをおすすめします。

「でも、私はすぐに投資家になりたいんです」と言う人もいるでしょう。

たっぷりお金があって、時間も充分にあるのなら、最初からIクワドラントを目指すのもありかもしれません。しかし、充分なお金と時間がない場合は、まずはBに行くことのほうが安全です。

まずはビジネスオーナーを目指したほうがいい2つの理由

私が、まずBクワドラントに行くことをおすすめする理由は2つです。

(1) 経験と教養を積み重ねることができる

Bクワドラントで成功すれば、優秀なIになれるチャンスが増えます。Bクワドラントで経験を積み、しっかりしたビジネス感覚が養われれば、よりよい投資家になれます。

なぜなら、よいビジネスを見分ける力がつくからです。真の投資家はしっかりしたビジネスシステムを持った、成功しているビジネスに投資します。

（2）余裕を持ったキャッシュフローで戦える

ビジネスを自分で立ち上げ、それを軌道に乗せることができれば、変化の激しいIクワドラントの世界で生き残るために必要な時間とキャッシュフローが確保できます。

EやSのクワドラントに属する人で、資金の余裕がまったくなくて、「損をする可能性があることなんて何もできない」という人はたくさんいます。

そういう人は車で言えば、エンジンが焼け付くギリギリのレッドゾーンでやりくりしているので、市場が大きくひと揺れしたらスッカラカンになってしまうのです。

投資には充分な資本と知識が必要です。必要な知識を手に入れるために相当なお金と時間が必要だという場合もよくあります。

いま成功している投資家も、お金を儲けられるようになるまでには、何度も失敗しているのです。

そういえば、私のメンターも投資を始めたときに、3日で6000万円なくなったと言っていました。どんな分野でも、成功を収めた人は、成功から学ぶことは少ないということを知っています。人は失敗から学ぶのです。

そして、Iクワドラントでは、失敗には金銭的な損がついてきます。

知識も資本もない人が投資家になろうとするのは、自滅の道を歩むのと同じなのです。

まずBクワドラントで成功するための知識、価値観、技術を身につけるのです。

そうすれば、よい投資家になるために必要なキャッシュフローが確保できます。

Bクワドラントとしてあなたが築き上げたビジネスは、よい投資家になるための経験と教養を身につける間、あなたを支えるお金をもたらしてくれます。

Eクワドラント、Sクワドラントの人はまずはBクワドラントに移り、そこでつくったお金をIクワドラントで投資をしていく。

最終的にはBとIの掛け算をしていくと、真の自由を手に入れることができるのです。

もはや安定ではなくなってきている、クワドラントの左側の生活を続けるのか？

会社員をしながら、まずはビジネスオーナーを目指して行き、クワドラントの右側に進むのか？

あなたの未来を決めるのは、ほかの誰でもない、あなた自身です。

私は「サラリーマンを辞めるべきだ」とは言っていません。サラリーマンをしながら、将来のためにビジネスオーナーに向けて動いてほしいのです。

次章からは、ビジネスオーナーになるための決して忘れてはならない心構え、モノの考え方、具体的な行動について、実体験なども交えてお話しします。

Chapter 3

億を稼げる人の「考え方」

努力は「パイプライン」をつくるためにしよう

『金持ち父さんのキャッシュフロー・クワドラント』にも出てくる、お金に対する考え方が学べる話です。ここでは概要だけご紹介します。

バケツを運び続けた男の末路と、パイプラインを引き続けた男の未来

むかしむかし、あるところに、ひなびた村があった。
そこはたいそう暮らしやすかったが、ひとつ大きな問題があった。
その村では、雨が降らないと水が手に入らなかったのだ。
この問題を解決するために、長老たちは、

村に毎日水を運んでくる仕事を引き受けてくれる人間を募ることにした。

そして、名乗り出た2人と契約を交わした。

長老たちは、たとえ1人でも競争相手がいれば、価格を安く押さえることができ、また一方に支障があったときにも、水に困らないで済むと考えたのだ。


契約を勝ち取った2人のうち1人は、エドという男だった。

エドは契約が決まるやいなや、外に飛び出し、鉄のバケツを2つ買ってきて、1マイル離れた湖に向かって駆け出し、せっせと水を運び始めた。

こうして毎日朝から晩まで、2つのバケツで水を運び続けたエドのもとには、すぐにお金が舞い込んできた。

エドは運んできた水を、
村の人たちがつくった大きなコンクリートのタンクに流し込んだ。

毎朝エドは村の誰よりも早く起き、

必要なだけの水が、いつもタンクのなかにあるようにしなければならなかった。
つらい仕事だったが、お金が入ってくるのが嬉しかったし、
この契約を勝ち取った2人のうちの1人になれたことを喜んでいた。

もう一方のビルは、あるときパイプラインを引こうと思い立ち、エドに言った。

「パイプラインを引くことができれば、もう毎日水を汲みにいく必要はない。
俺たちも村のみんなも、自由に暮らせるはずだ」

エドは怒って、ビルを非難した。

「そんなことができるはずがない。
いまよりもがんばってバケツを運べば、いつかよくなるはずなんだ」

エドはさらに一生懸命働き、水を運ぶ技術を高め、
より大きなバケツを運べるようになった。
しかし、毎日水を運ぶという重労働の日々が変わることはなかった。
一方ビルは、バケツで水を運ぶという従来の働き方はしながらも、
それ以外の時間を使って、パイプラインを引き始めた。
もちろん、毎日どれだけがんばったとしても、
開通しない限りは水が出ることはない。
パイプラインを引くのは、思った以上にとても根気と忍耐のいることだった。
疲労と不安にかられる、先の見えない暗いトンネルを進むような日々。
しかし、パイプラインが開通したあとのことをイメージすると、
情熱を燃やし続けることができた。

1年後、ついに、そのときが訪れた。
ビルのパイプラインが開通したのだ！

これまでがんばってきた努力が報われた瞬間。村人は大喜びでビルを迎え入れた。

一方、エドは負けじと筋トレをおこない、バケツを同時に運ぶ技術を身につけ、さらに多くの水を運んだ。

しかし、酷使しすぎたばっかりに、身体を壊してしまった。

日々の労働から解放されたビルは、経済的自由と時間的自由を手に入れた。

そして、もっと自分にできることはないかと思いを巡らせ、思いついた。

パイプラインを引く間に経験した、たくさんの知恵とノウハウを手に、その方法をほかの村にも広めてまわろうと。

そうしてほかの村々からも喜ばれ、

その対価として、ビルが実際に身体を動かして働かなくても、

世界中で何百万人という人が1日にバケツにして何杯もの水を使い、

そこから入るお金がすべて、ビルの銀行口座に流れ込んだ。

ビルは村に水を運ぶパイプラインを建設すると同時に、
自分のところにお金を流し込むパイプラインもつくっていたのだ。
ビルはそれからずっと幸せに暮らし、
エドのほうはずっと必死に働き続け、お金に苦労する生活を続けましたとさ。
おしまい。

このビルとエドの話は、私の行動の指針になっています。とくに、何かものごとを決めるときにこの話が大いに役に立ちます。

私はよくこんなふうに自問します、

「私はいまパイプラインを建設しようとしているのか、それともバケツで水を運ぼうとしているのか？」

「私は懸命に働いているのか、それとも賢明に働いているのか？」

この質問に答えることで軌道修正を続け、最終的に経済的自由を得ることができました。

私はまさにこの「パイプラインをつくるために努力する」という道を辿ってきました。**24歳のときにメンターからこの話を聞き、人生のパイプラインをつくろうと決めました。**

「努力があとに残る」ということに、とてつもなく魅力を感じたのです。すぐには得られなくても、努力をしたことが積み重なって、その先に自由がある。このことが、この上ない価値だと感じました。

私は会社員時代、24時まで残業をする日々でしたから、バケツを人よりも2倍の時間運んでいたようなものです。

その残業していたぶんを減らして、パイプラインを引くことに費やす時間に変えたのです。トータルでがんばっている時間はさほど変わりませんでしたが、そこから人生の角度は大きく変わってきました。

あなたも、人生のパイプラインをつくってみませんか?

両親から「消費者金融で200万円借りてきてくれないか？」と頼まれた男の物語

少し、私の辿ってきた人生をお話しさせてください。


小学生のときは目立たない少年でした。

それ以上書くことがないくらい、本当に何の特徴もない少年でした。

中学に入って、なぜか卓球部に入りました。

体育館の隅っこでピンポンピンポンやって、性格も明るくはありませんでした。

友だちも少なかったし、まったくモテず、運動もできませんでした。

「せめて勉強してモテよう！」と思って勉強しました（それでもモテませんでしたが）。

必死に勉強して、なんとか進学校に入りました。

そこでもモテたいと思って、ギターを始めました。ジャンルはなんとヘビメタ（ヘビーメタル）。結局モテませんでした。

実家は、小学校低学年のときは、大阪市内に当時としてはめずらしい3階建ての一戸建てだったので、わりと裕福でした。

ですが、小学4年生のときに、普通のマンションに引っ越しました。そのときは何も思いませんでしたが、中学生になって、うちは貧乏だなとわかってきました。

あとあと聞くと、借金のために家を売らざるを得なかったようです。

高校生になると、なおさら家が貧乏なのだと知りました。

両親は、お金のことでよくケンカをしていました。

小遣いも自分でバイトをして稼いで、親にもバイトで稼いだお金を渡していました。

親は建築の自営業（Sクワドラント）をしていて、最初はうまくいっていたようです。

でもだんだんうまくいかなくなり、最終的には借金が1億円にまでなっていました。

大学は自分で学費を払うしかないなと思い、必死に勉強して、なんとか国立大学に入学しました。

学費が払えず、卒業証書がもらえなかった

大学に入ってからは学費のためにバイト三昧。バイトばかりして学校に行かなかったりしたので、友だちもできませんでした。留年もしかけました。

その年に阪神・淡路大震災がありました。

私が通っていた大学は避難場所になり、交通機関もマヒして大学に行けなかったので、試験がすべてレポートになりました。

なんとかがんばってレポートを書き、単位を取り、留年は免れました。

その後はバイトしながらも、勉強して、なんとか卒業はできる単位を取りました。

……が、卒業式のときに、私だけ卒業証書がもらえませんでした。

卒業式までに、最後の期の学費が払えていなかったのです。
恥ずかしいし、情けない思いをしました。
なんとか卒業式のあとに学費を払い、卒業証書をもらい、無事に卒業はできました。

その後、運よく液晶で有名な大手上場企業に就職できました。
新入社員の1か月目に、親から「お金を借りてきてくれ」と言われました。
消費者金融を4件まわり、200万円を借りて親に渡しました。
毎月の給料は全部親に渡していました。初めてのボーナスももちろん親に渡しました。
「なんでこんな家に生まれたんだろう」と、親を恨んだこともありました。
このまま親の借金でずっと苦しむ人生なんだと思っていました。

そんなときに、当時ベストセラーだったロバート・キヨサキの『金持ち父さん貧乏父さん』を読みました。とんでもない衝撃を受けました。こんな考えがあるんだ、と。
もし、この本の内容を実践することができて成功したら、親も楽にしてあげられるし、人生大逆転だと思いました。

しかし、これは本の世界の話で、私には無理に決まっていると思いました。

人生のメンターとの運命の出会い

人生をあきらめかけていたときに、メンターと出会ったのです。運命の出会いでした。

〝友だちの友だちの知り合い〟の紹介でした。要するに遠い赤の他人です。

メンターは当時27歳で、すでに会社を経営しており、月収が300万円。稼いだお金を寄付するほどでした。

このチャンスを逃してはならない、と思いました。

初対面で「メンターになってください！」とお願いしました。

メンターからは、「もう一度覚悟を決めてからおいで」と言われました。

両親にメンターの話をし、起業に向けて勉強していきたいと言いました。

大反対でした。「騙されてる！」とまで言われました。

心配の気持ちはありがたく受け取りましたが、「このまま実家にいては、私の人生が台なしになる、親と共倒れになる」と思い、「息子はいなかったものと思ってくれ」と言って、家を出ました。

引っ越し先の住所は言わず、電話がかかってきても出ないようにしました。

2週間後にメンターともう一度アポイントを取り、弟子入りさせていただきました。

そこから、いろいろな課題を与えてもらいながら、メンターの起業塾で勉強し、実践していきました。

3年間は会社員をしながら、週末起業でした。

親に貸すために消費者金融で借りた200万円は、当時の利息が30%近くあったので、まるまる残った状態でした。

起業は借金が200万円ある状態からのスタートだったのです。

起業のために動きまわるにもお金がなかったので、最初の半年は、会社員をしながら夜中に居酒屋でバイトし、週末は起業に向けて動いていきました。

ハードワークをしましたが、2年間は鳴かず飛ばずで、売上が上がりませんでした。

そして、26歳のときに、本書の冒頭でもご紹介したシーンに出くわします。

「親どこに行ったんじゃ！」

姉から、

「お父さんとお母さん、夜逃げした。親戚のおじちゃんおばちゃんを追いかけて、東京方面に逃げたみたい。あんたのとこにも怖い人が来るかもしれんから、気をつけてね」

と電話がかかってきました。一瞬パニックになりました。

親が親戚の借金を肩代わりしており、その親戚が夜逃げしたので、親もその親戚を助けるために追いかけて夜逃げをしたということでした。

次の日に、2人組の強面の人が家に来ました。

首根っこをつかまれて、「親どこに行ったんじゃ！」と言われました。

正確な場所は知らなかったので、「知りません！　警察に行きましょう！」の一点張りで答えていたら、その2人はあきらめて帰っていきました。

そこからは、死ぬ気でがんばりました。

親の居場所が見つかったときに、少しでもお金を渡してあげたかったのです。

年収1億円の壁を突破

1年後に、自分の商売からの収入が月に30万円を超えたので、脱サラしました。

そのときに親の居場所もわかり、少しずつ仕送りをするようにしました。

29歳で月収が100万円を超えました。

そのとき、メンターは32歳で年収1億円を稼いでいました。

「年収1億円って、達成できるんだ」とイメージができ、私も40歳までに年収1億円を達成すると目標設定しました。

31歳でリコさんという最愛の妻と結婚をし、いまでは夫婦で事業をしています。

そして、39歳のときに、年収1億円を達成したのです。

かなり省略しましたが、メンターと出会っていなければいまの人生はありません。

山あり谷ありの道のりでしたが、メンターに何度も励ましてもらい、力づけをしていただきました。ありがたかったのは、メンターがもともと私と同じ会社員、クワドラントの左側にいた方だったことです。

もし、私のメンターがもともとクワドラントの右側にいた方だったら、もし先祖代々お金持ちの方だったら、会社員をいきなり辞めて起業した方だったら――私は真似ができませんでした。

真似ができるビジネスオーナーと出会う縁にあなたが巡り合えたら、そのチャンスを必ず掴み取ってください。

カンニングしまくって、真似しまくって、パクりまくれ！

「人は環境の生きもの」と言われます。

あなたが日本語を完璧にしゃべれるのは、両親が日本語を話し、まわりも日本語だらけの環境で育ったからです。生まれてすぐにアメリカに移住し、まわりが英語だらけの環境で育ったら、あなたは英語がペラペラにしゃべれるはずです。

それくらい、人間はまわりにいる人たちから、その都度影響を受けているのです。

だからこそ、本書で再三にわたって私が「メンター」という言葉を使うように、人生にはメンターが大切になるのです。


メンターを決めるということは、「影響を受ける先を決める」ということです。

「学ぶ」の語源は「真似る」から来ているそうです。

私はメンターから、

「学校のテストはカンニングしたらいけないけど、人生はカンニングしてもＯＫ。俺からカンニングしまくって、真似しまくって、パクりまくれ！」

と言われました。

私はそれまで、「ビジネスは独創的で、誰も考えたことのないようなオリジナルなものでなければならない」と思っていました。

でも、事実はそうではありませんでした。

世の中のうまくいっているものは、真似から入ったもののほうが断然多い

たとえばフランチャイズビジネス。

フランチャイズというのは「真似」をベースとした形態です。

独創的でもなんでもありません。世の中にあるカフェやレストランで、フランチャイズ

店の占める割合は多いですよね。コンビニエンスストアや牛丼屋さんなんかもそうです。たくさんあるということは、うまくいっているということです。うまくいっていなかったら、こんなにたくさんあるはずがありません。

世の中には、真似してうまくいっているもののほうが断然多いということです。

人生はカンニングOK、真似してもいいテストなのです。

うまくいっているメンターからカンニングしまくって、真似しまくって、パクりまくったらいいのです。

将棋の羽生善治さんは、

「あとから来る世代は、ある分野で極めたいという意志さえあれば、高速道路に乗るように、あるレベルまでは猛スピードで到達してしまう」

と言いました。最近は10代でも、プロまで来る人が多くいます。

真似るということは、先人たちの叡智を吸収できるという意味で、それは非常にパワフルです。そして叡智の高速道路の先に、未開拓の地があるのです。

「真似ではなく自分のやり方で成功したい」や「自分の道は自分で開拓したい」などと言う人もいます。

その開拓精神は、高速道路の先端まで行ってから発揮すべきだと思います。

スタートから高速道路を使わずに、一般道路で開拓したがっていたら、叡智の高速道路の最先端でチャレンジしている人たちとは、まったくもって勝負になりません。

開拓精神は、先人たちの叡智のさらに先へ行くために使うべきだと思います。

メンターは1人に絞ったほうがいい、その2つの理由

そして、成果を出したいのであれば、あなたが目標とする成果を出すまで徹底的に1人のメンターについていくことです。

メンターを1人に絞ったほうがいい理由は2つあります。

(1)成功要因は複数個あって、それらがすべてそろったときに初めて結果が出るから

（2）もし2人以上のメンターがいたら、複数のメンターから違うアドバイスが入ってしまい、混乱して無駄な時間が発生してしまうから

では、順番に説明していきます。

（1）成功要因は複数個あって、それらがすべてそろったときに初めて結果が出るから

たとえば、太郎師匠が成功要因を「ＡＢＣ」として教えてくれているとします。

一方、花子師匠は成功要因を「ＤＥＦ」として教えてくれているとします。

成功している人にはそれぞれのノウハウがあります。

結果が出ない人は、

「太郎師匠が提唱するＡＢＣで1つの成果が出るセット」

「花子師匠が提唱するＤＥＦで1つの成果が出るセット」

であるにもかかわらず、自分の都合のいいように断片的に解釈し、ＡＢとＥだけを受け取り行動したりして、いつまでたっても結果が出ないと嘆いてしまいます。

これが、結果が出ない要因です。

(2)もし2人以上のメンターがいたら、複数のメンターから違うアドバイスが入ってしまい、混乱して無駄な時間が発生してしまうから

たとえば、あなたがボクサーだとします。

月・火・水曜日はAジムに行くとします。

木・金・土曜日はBジムに行くとします。

AジムのAコーチは、

「攻撃こそ最大の防御だ！　もっと相手に近づいてパンチをしろ！」

とアドバイスします。

BジムのBコーチは、

「相手と距離を取って、相手のパンチを不用意にもらわないようにしろ！」

とアドバイスします。

真逆のことを言われているので、混乱しますよね。

しかもやっかいなことに、両方のコーチが言っていることは正しいのです。

ボクサーで同時に2つのジムに通ってる人なんていませんよね。

そんな世界チャンピオンは聞いたことがありません。

でもこれがビジネスの世界になると、みんな平気で3つ4つのジムに通うようなことをしてしまうのです。それでは成果が出るのが遅くなるのもあたりまえです。

「船頭多くして船山に登る」という諺《ことわざ》もあります。

とにかく、あなたが満足いく成果を出すまでは、1人のメンターにとことんついていき、パクリまくりましょう。

いいところを取るだけでは足りない。全部取れ！

「レシピの一部だけ真似ればいいや」と料理しても、なかなか美味しくできません。

メンターもこれと一緒です。

あなたにとって耳の痛いことをはっきり言ってくれるのがメンターです。

メンターが複数いると、

「A師匠はやりたくない厳しいことを言ってたけど、B師匠はそんなのやる必要ないって言ってたしな」

と、自分の都合のいいように捉えてしまいます。

本当は自分にとって耳を塞ぎたい内容こそが、あなたの突破ポイントです。そのアドバイスは宝物なのに、すり抜けてしまうのです。

「なぜ、その人をメンターに選んだんですか？」と聞かれることもあります。

一番大事な点は、「弟子が師匠を選ぶ」のではなく「師匠が弟子を選ぶ」ということです。オーディションで言えば主催者側が選ぶのであって、受ける側は選ばれるように努力をします。

人生の成功法則を教えてもらうことは、あたりまえではありません。

成功している経営コンサルタントにコンサルティングをしてもらおうと思ったら、月に100万円程度はザラです。

私はメンターにコンサル料を払ったことがありません。

メンターのセミナーは、仲間みんなで会場費を割り勘していました。

それはあくまで会場費であり、メンターに教わる内容は無料です。

さらに、食事や旅行に一緒に行ったりすると、全部おごっていただきました（さすがにいまは自分で出しますが）。

もちろん、それをあたりまえと思ったことはありません。

「教えてもらえることがあたりまえ」と思っている人に、教えたい人は現れないのです。

じつは「そんなに全部信じても大丈夫なの？」と、私も初対面のときはメンターを疑ってしまいました。

メンターがフレンドリーで、おしみなく体験談をお話ししてくれたので、「何か騙されないかな？」と思ってしまいました。

しかし「月収300万円の人が俺を騙しても、たいしてお金も騙し取れないし、捕まったりするほうがこの人にとって損だよな」と思い、初対面で弟子入りをお願いしました。

疑うも何も、「自分が求めている人生を実現している人」なのですから、目の前にある現実すら信じられない人は、何を教わっても無駄なのです。

もしビル・ゲイツから「一緒にスポンジ売らない？」と言われたら

チャンスを選り好みしてる人には、チャンスは永遠に訪れません。

仕事は「何をやるか」ではなく「誰とやるか」です。
食事は「何を食べるか」よりも「誰と食べるか」です。
旅行も「どこに行くか」よりも「誰と行くか」です。

もし、孫正義氏やビル・ゲイツ氏に、「僕と一緒に、スポンジを売るビジネスをやらないか？」と誘われたら、私は「やります！」と即答します。

スポンジが好きとか、興味があるとか、売りたいとか、そういう気持ちは別に一切ありません。

そうではなく、孫正義氏やビル・ゲイツ氏と一緒に仕事ができるのなら、なんでもやってみたいと単純に思います。

逆に、最先端の素晴らしいビジネスだとしても、情報を持ってくる人が信頼できない人なら、やりたいとは思いません。

誰とチームを組んで仕事をしていくかが大事なのです。

メンターや一緒に仕事をする人たちを心から信頼し、尊敬できるのであれば、たとえ仕事がスポンジ売りだとしても、それは素晴らしいものだと感じると思います。

リスクには、何かをすることのリスクと、何もしないことのリスクがあります。

私は起業に向けてアクションを起こすというリスクを負い、人生を変えました。

当時の同僚は、「この会社にいれば安定だ。そんなリスクは冒せない」と、何もせずにクワドラントの左側にいるという選択をしました。

そのリスクとしてリストラされ、再就職しても給料が下がり、住宅ローンがあるなかで路頭に迷っています。

クワドラントの左側と右側の間には乗り越えるべき壁、つまり「恐怖」があり、そこに人は躊躇《ちゅうちょ》してしまうのです。

左側は、「時間を使ってお金をもらう」です。

それに対して、右側は「まずお金を出す」ことから始めなければなりません。

ビジネスを起こすにしても、投資を始めるにしても、最初にするのはお金をもらうことではなく、出すこと。ここに恐怖を感じてしまうのです。

E・Sは「お金をもらう」↓「使う」↓「なくなる」
B・Iは「お金を出す」↓「増やす」↓「使う」

なのです。

私のおすすめは、まずはビジネスオーナーのメンターに弟子入りをし、会社員をしながら週末を使って勉強と実践をしながら、自分のビジネスを立ち上げることです。

あなたもぜひ、そうしてみてください。

成功の85パーセントは「〇〇〇」で決まる

あなたは「Be－Do－Have」という概念をご存じでしょうか？

英単語として直訳すると、

「Be（なる）－Do（する）－Have（持つ）」

となるのでしょうが、ここでは、

「Be（あり方）－Do（やり方）－Have（成果）」

と解釈します。


24歳から19年間、右側のクワドラントでチャレンジしてきて、たくさんの成功者に出会ってきましたが、成功している人は「Be－Do－Have」の人生観で生きています。

クワドラントの左側から右側に移るには、「何をするか」ではなく「どんな人間になるか」が大切。つまりBe（あり方・心構え）がとても重要なのです。

ハーバード大学の研究で、

「人生における成功も失敗も85パーセントは、その人自身の◯◯◯の結果である」

という研究データが出ています。この◯◯◯にどんな言葉が入るでしょうか？

天才が集まるような、実証と理論を重んじるハーバード大学の研究です。

「IQ？」「DNA？」

いいえ、正解はまったく違います。

◯◯◯に入る言葉。

それは「心構え」なのです。

成功の85パーセントは「Attitude」、つまり心構え・姿勢で決まるのです。

私も19年間の実体験から、本当にそう確信しています。

人生で成功するかどうかは、Have（何を持っているか）よりも、Do（やり方）よりも、

Be（あり方・心構え）が重要なのです。

世の中には、

- **Have - Do - Be（Haveにフォーカス）**
- **Do - Have - Be（Doにフォーカス）**
- **Be - Do - Have（Beにフォーカス）**

の3種類の概念で生きている人がいます。

それぞれ見ていきましょう。

Have-DO-Be（Haveにフォーカス）

このタイプの考え方は、

「○○があれば幸せになれるのに」

「〇〇があれば解決するのに」

という考え方です。

「お金（Have）さえ手に入れば（Do）、幸せになれる（Be）」
「資格（Have）さえ勉強して取れば（Do）、人生はよくなる（Be）」
「持ち家（Have）さえ建てれば（Do）、幸せな家庭になる（Be）」
「ブランド物のカバン（Have）さえ持てば（Do）、すごい人に見える（Be）」
「理想の結婚相手（Have）さえゲットできれば（Do）、幸せになれる（Be）」

などです。

はたして本当にそうでしょうか。

こうして文章として見ると違和感を覚えませんか？

このHaveにフォーカスする考え方は、「〇〇がないと私は幸せじゃない」という、依存の思考を生み出します。

・お金がない＝私は負け組で幸せじゃない

・学歴がない＝私は頭がよくないんだ
・資格がない＝私には何の取り柄もないんだ
・彼氏・彼女・配偶者がいない＝独り身の私は誰からも相手にされない寂しい人なんだ

といった、「何かがないと自己価値を認められない」「私はこんなに足りない」という間違った思い込みを生んでしまいます。

「〇〇があれば幸せなんだ」「モノが私を幸せにしてくれる」というのは幻想なのです。

Do-Have-Be（Doにフォーカス）

このタイプの考え方は、

「〇〇をやれば幸せになれるはず」

という考え方です。

「好きな仕事をすれば（Do）、お金はあとからついてきて（Have）、理想の人生になるはずだ（Be）」

「やりたいことをすれば(Do)、楽しい気持ちが味わえて(Have)、満たされるはずだ(Be)」

「結婚をして（Do）、子どもや家庭を持てば（Have）、幸せになれるはずだ（Be）」

これも、本当にそうなのでしょうか？


私の友だちでマッサージをすることが好きで、マッサージの仕事がやりたくて、何年かマッサージ屋さんで勤めたあとに開業した男性がいます。

一生懸命に仕事をしていましたが、マッサージのしすぎで毎日指を氷で冷やしていました。忙しくて繁盛はしていたみたいですが、自分の時間がまったく持てず、ついに指を痛めてしまい、店をたたんでしまいました。

「大好きなマッサージの仕事が嫌になった」と言っていました。


好きな仕事をすれば幸せになれるのでしょうか？

「飲食店をやりたい」という方はとても多いです。

私のお弟子さんで、大阪の北新地で、有名人も来るような一流中華料理店のコックを10

年間勤め上げ、その店のナンバー2である副料理長まで出世した男性がいます。

彼が言っていました。

「先輩で独立して店を出した人もいます。その人は15年間店で勤めて、毎日フライパンを振って料理をつくってお金をため、足りないぶんは借金をして店を出しました。いまは借金を返すために、毎日フライパンを振っています。それを見ていて、何のための人生なんだろう？　フライパンを振り続ける人生なんだろうか？　と疑問を持ったんです」

経済力がない状態からお店をいきなりやってしまうと、それにかかりっきりになってしまい、お店を切り盛りするためだけの生活になってしまっているケースが、かなりあるように思います。

もちろん、フライパンを振り続ける人生が悪いわけではありません。しかし、人生を豊かにするためにお店をやりたかったのであれば、その状態が自分にとって豊かと思えないのであれば、本末転倒です。

やりたいことをやれば、本当に満たされるのでしょうか？

好きなことをすれば、本当に成功するのでしょうか？

私は甘いものやジャンクフードが好きなのですが、その好きなものばかり食べていたら、理想の体形になるでしょうか？　なりませんよね。

理想の体形になりたいと思ったら、「食べたいもの（好きなもの）」ではなく、「食べるべきもの（効果があるもの）」を食べる必要がありますよね？

好きなものを食べるんじゃないんです。美味しかろうが美味しくなかろうが、理想の体形になるために効果のあるものを食べるんです。

そして、それを継続するために、どんな自分になる必要があるかにフォーカスすべきです。

投資も同じです。

株や投資信託を買えば金持ちになれると思っている人はたくさんいます。

しかし、ただ株や投資信託、不動産、社債・国債を買ったところで、金持ちにはなれません。

プロの投資家たちがやっていることと同じことをやるだけでは、経済的な成功は得られません。負け犬の思考構造を持っている人は、どんな株、投資信託、不動産を買おうと負けるのです。

恋人を探すのも同じです。

理想的な相手を探すために出会いの場に行ったり、婚活する人はたくさんいます。

彼ら彼女らは、自分にふさわしい相手を探すことばかり考えています。自分が相手にとってふさわしい人間に「なる」ことは考えていないのです。

結婚生活も同じです。

結婚している人の多くは、相手を変えようとします。それによって喧嘩になることもあります。でも本当はそれよりもまず、自分を変えることのほうが大事です。

相手を変えようと努力するのではなく、相手に対する自分の考え方を変えるのです。

Be-Do-Have（Beにフォーカス）

長期的に成功している人は、みなさんこの考え方です。

「自分で自分を満たしている人（Be）同士が、結婚をすれば（Do）、いい家庭を持てる（Have）」

「家族を幸せにできる私（Be）だから、持ち家を買ったら（Do）、さらに幸せな家族の時間を得られる（Have）」

あり方そっちのけで、スキル・テクニックで一時的に結果をつくる一発屋のように消えていく人はいますが、あり方なくして長期的な繁栄はあり得ません。

そのことは歴史が証明しています。

一流のあり方であれば、一流の結果になるのです。

すでに引退しましたが、野球のイチロー選手を私は大尊敬しています。

では、もしあなたがイチロー選手のバットを持てば（Have）、イチロー選手のように打てるでしょうか？　無理ですよね。

イチロー選手と同じ打法で、同じルーティーンをやれば（Do）、イチロー選手のように打てるでしょうか？　打てないですよね。

「イチロー選手のような一流のプロのあり方（Be）」、つまりプロ意識、真面目さ、厳密さ、ストイックさ、こだわりなどの一流の基準で生きる（Be）からこそイチロー選手のようになっていくのです。

さらに言えば、その一流の基準であれば、何をやっても、たとえ野球でなくとも結果を出せそうだと思いませんか？

もちろん完璧な人間はいません。私も完璧ではありません。だからこそ、メンターから学びながら、あり方を磨いていくのです。

「Be-Do-Have」という単語から、もっとも固執しがちなDo（やり方）を取ると、Behave（振る舞い）となります。なりたい姿を決めれば、そこに至る振る舞いは自ずと決まってくるものなのです。

成功したければ、もっとも固執しがちなDo（やり方）を取る、やり方へのこだわりを置く必要があるのです。

「自分のやり方」にこだわる人がいます。そのこだわりが成功するのに必要なこだわりなら、とっくに成功しています。成功しないこだわりはすぐに捨てるべきです。

成功する「やり方」を求める人も多いです。

「成功するには、何をやればいいんですか？」という「やり方」への質問が多いのです。

多くの人がDoにフォーカスするからこそ、書店に並んでいる書籍には「～のやり方」「成功ノウハウ」などの書籍が多いのです。

それでは、短期的に少しうまくいくことはあるかもしれませんが、「長期的な繁栄」はあり得ないと思います。

これだけたくさんのノウハウ本があっても成功する人は一握りなのは、Doにフォーカスしてばかりで、Beにフォーカスしていないからです。

私はメンターにこう言われました。

「中野君は、自由になりたいのか、自由にやりたいのか、どっち?

自由にやりたいのであれば、好きにやったらいいよ。

でも、それでは自由にはなれないよ。

自由になりたいのであれば、好きにやるのではなく、やるべきことをやる必要がある。

やりたくないこともやる必要がある。

ある意味で、不自由を選択する必要があるということだよ」


やりたいことをやってはいけない、ということではありません。

一度きりの人生です。人生においても「全部取り」したほうがいいと思います。

ただその前に、理想の状態（Be）を整えるのが先だと言いたいのです。

やりたいことをすぐにいきなりやってしまう人が多いですが、そうすると一個しかできない人生になることが多いのです。前述のマッサージ師や中華のコックさんのお話のようにです。

そうではなく「Be→Do」の順番が大事なのです。

やりたいことよりも、やるべきことを先にやって、数年かけて経済的基盤をつくると、そこから「やりたい」と思ったことは全部できるようになります。


私はメンターの教え通り、自由になるためにやるべきことをやり、経済的基盤をつくったので、「飲食店をやりたいな」と思ったときにはすぐにやれました。

東京の新宿にダイニングバーを３０００万円かけてつくり、おかげさまで年商は億を超えました。私はそこにつきっきりでいる必要はないので、ほかにやりたいことをいくつでもできます。

一度きりの人生、自分の人生に欲張って、全部取りしましょう。

そのためには、自由に「やる」のではなく、自由に「なる」のが先なのです。

すべてはチーム。自分から始まるコミュニティをつくろう

人とのご縁を紡ぐのは誰でしょうか？

前述しましたが、私のメンターとのご縁は〝友だちの友だちの知り合い〟です。

つまり赤の他人です。

ご縁ができたのは本当にラッキーでした。最初は細い糸のようなつながりです。そのまま何もせずに放置していたら、当然その糸はぷっつり切れてしまったでしょう。

それをなんとか食らいついて、糸を自分から紡いできました。ご縁の糸を紡ぐ努力をしました。

少しでも「これはご縁だ」と感じたら、そのサインを見逃さず、とにかく自分から形にしていくことが大事なのです。ご縁は、自分から掴んでものにするのです。

これからは、コミュニティ（つながり）を自分から選択していく時代です。

まずは自分が影響を受けると決めたメンターのコミュニティに入り、学ぶことから始めます。私もメンターが主宰する起業塾のコミュニティに入り、そこで学びまくりました。

そこで学んで吸収したら、今度は自分から始まるコミュニティをつくるのです。

「コミュニティ＝チーム」とも言えます。

どんなに天才でも1馬力では限界があります。

ビジネスオーナーはチームをつくるのです。成功にはチーム力が大事なのです。

スティーブ・ジョブスはたしかに天才でしょうが、彼だけだったらアップルは立ち上がっていなかったでしょう。

スティーブ・ウォズニアックとチームを組んで仕事をしたからこそ、アップルは立ち上がったのです。iPhoneもMacBookもiTunesも、スティーブ・ジョブス個人がつくったのではなく、開発チームがつくったのです。

言うまでもありませんが、私は天才でも完全でもありません。でもチームとしては、それぞれが異なる強みを生かすことによって、完全を目指すことができます。

1人でがんばるのではなく、いいチームをつくっていくことが成功のカギなのです。

いいチームをつくるのに重要なのが、結局は「あり方（Be）」であり「人間関係（リレーションシップ）」なのです。

「人を集める」ではなく「あなたの魅力に人が集まる」を目指す

私自身、何かを始める前に、コミュニティを先につくってきてよかったと思った経験は数えきれないほどあります。

私は飲食店を経営していますが、30人ほどのスタッフ全員がとにかく明るく、前向きで、エネルギッシュで、主体的に考える力があります。「ただ仕事をこなすだけ」というスタッフは1人もいません。

飲食店では人材不足が悩みの種となりがちですが、私は採用活動をしたことがありませ

ん。私から始まるコミュニティ＝チームのメンバーが、お店をやるとなったときに、「ぜひ協力します」と言ってスタッフになってくれました。いいチームに恵まれたと思います。

このことは、ほかの経営者にもいつも驚かれます。

これも、24歳からメンターにチームづくりを教わりながら、ずっとご縁を大事に育んできた賜物だと思っています。

よく、「自分のチームをつくるのって、大変じゃないんですか？」と聞かれます。

実際問題、大変です。大変だけど、それが面白いし価値があります。

人と出会い、お互いの価値観を共有し、価値観を合わせ、お互いに協力し合う仲間になっていく。お互いの夢や目標は違えど、手を取り合って、同じ方向を目指して走っていく。

自分の目指すビジョン（ビジョンが明確でなくても、目指す方向性）を掲げ、そのビジョン、方向性に共感した人が、あなたの仲間になり、チームになっていくのです。

もちろん、人間は機械ではありませんから感情があります。

ときにはぶつかることもあります。そこにたくさんのドラマが生まれ、人間的な成長がともない、あなたの魅力が増していくのです。

人は魅力に集まります。

チームづくりは、人を集めるのではありません。あなたの魅力に人が集まってくるようにするのです。

そのために、自分の目指すビジョンを掲げ、行動し、チャレンジするなかで、自分を研磨していくのです。

仲間、チームとのご縁は一生ものだと私は思っています。

どんな大企業であっても、一世風靡した会社や業界であっても、栄枯盛衰は世の常です。

すべてのものは移り変わります。

いま、あなたがいる会社が10年後もあるかどうかはわかりません。

いまある職業も、20年後はあるかどうかわかりません。

しかし、人とのつながりだけは、どちらかが切ろうと思わなければ、一生続けられるものだと、私は思っています。

あなたは、どれだけの一生もののご縁をつくっていきますか？

最強のコミュニティ「華僑」にチームを学ぶ

コミュニティの仲間がバーを立ち上げたとします。

どうせ飲みに行くなら、まったく知らない人が経営しているバーに行くより、コミュニティの仲間のバーに私は行きます。

仲間がラーメン屋を立ち上げたとします。

どうせラーメン屋さんに行くなら、知らない人が経営しているラーメン屋さんに行くより、仲間のラーメン屋さんに私は行きます。

あなたもそうではありませんか？

親友がお店をオープンさせたら行ってあげたいと思うし、高い安い関係なく、親友や仲間ががんばっているなら応援してあげたいと思いますよね？

どうせお金を使うなら、自分のコミュニティの仲間の店で使おう。仲間のサービスを使おう。どうせお金を落とすのだったら、知り合いや仲間のビジネスに落とそう。

ビジネスオーナーの価値観は、そういったものだと思います。

仲間のビジネスに積極的にお金を落とそう

世界のお金持ちの代表と言えば、華僑が有名です。

華僑は自分の贅沢などにはお金を使わないそうです。

一方、自分の仲間に回すお金はケチらないそうです。

コミュニティの仲間に使ったお金は、「自分の財布から消えるのではなく、相手の財布に移動する」と考えているそうです。

財布から、貯金箱や銀行口座にお金を移すのと同じ感覚なのです。

つまり華僑は、自分の財布以外にもたくさんの財布を持っていて、仲間のビジネスにお金を落とすことで、仲間の財布にどんどんお金を貯めていくわけです。

「金は天下の回りもの」という言葉がありますが、華僑にとっての天下とは、大事な仲間を指すそうです。ボスを中心として固く結びついた、顔の見える仲間のネットワークが華僑の「天下」なのです。

ですから、「金は天下の回りもの」という諺も、単なる精神論ではなく、リアルな教訓となっています。

仲間にお金を回し、仲間が育てたお金がまた自分に回ってくる。

なので、華僑は必ず知り合いのビジネスにお金を落とすと決めているそうです。

華僑と言えば、チャイナタウンが有名です。

チャイナタウンには、すごく売れている店舗もあれば、閑古鳥が鳴いている店舗もあります。なのに、なぜつぶれないのか?

コミュニティ内で経済を還流させているからだそうです。

お互いにお金を回していく、そんな一生もののコミュニティをつくっていきたいですね。

Chapter 4

億を稼げる人の「お金」

なぜ、大富豪ほど道端の1円玉を拾うのか？

金融広報中央委員会がおこなっている「家計の金融行動に関する世論調査2019（単身世帯調査）」によると、**老後の生活について心配している層は85・6％もいるそうです。**「十分な金融資産がない」が圧倒的多数の理由だとか。

では実際に、60代の金融資産保有額がどれくらいかというと、平均値が1335万円。中央値が300万円となっています。

今後、医学が発達して、人生100年時代を迎えるのは明らかです。

収入がストップして、手持ちの資産が300万円だったら大変なことになるということは、少し想像すればわかります。政府も、老後資金は年金だけだと定年後30年生きるとすると2000万円足りないと試算しています。

たとえば、たった2%の増税があったとしても、富裕層にとっては、「明日から何も食べられない」なんていう生活に陥ることはまずないでしょう。

しかし、毎日ギリギリの生活をし、貯金もほとんどないという層は、なけなしのお金から2%も余分に支払いが増えれば、死活問題につながっていきます。

格差はどんどん広がっていっているのです。社会全体に貧困が蔓延していく可能性があるのです。

社会保障費が膨らんでどうしようもなくなっている状態なので、政府が消費税を引き上げるのは仕方がないことかもしれません。

そうであれば、年金も徐々に減らされていく可能性が高いでしょう。年金受給年齢も引き上げられる可能性が高いです。

高齢者だけが苦しいのではありません。経済的に苦しいのは若年層も同じです。

「非正規雇用が増えた」「終身雇用がなくなった」「すぐにリストラされる」「転職するたびに賃金が下がる」などの現実に苦しんでいるのです。

いままで通りに生きていたら、ほとんどの人が、貯金があったとしてもどんどん目減りしていくことになるのです。

政府は内需拡大によって、このような状態を打破したいと思っています。

しかし、1年間で人口が40万人以上も減っていき、子どもよりも高齢者が多い我が国では、内需拡大などとうてい望めないのではないでしょうか。

高齢化によって現状維持を好む人のほうが増えて、イノベーションも生まれにくいでしょう。社会がそのような構造になれば、当然のことながら高度成長は夢のまた夢です。2%の経済成長ですら、できそうにありません。

そうなると、日本人はまるで真綿で首を絞められるように、静かに困窮していくのではないでしょうか。

気がつけば、社会全体で貧困が蔓延していくという事態になっていくかもしれません。貧困が拡大するなかで、自分もその貧困に突き落とされてしまう可能性があるのです。

いまの日本人の平均貯蓄額で考えると、仮にリストラのような不幸な事件が自分の身に起きたとして、次の仕事が見つからなければ、平均的な貯金がある人であっても、半年で貧困に陥ることがわかっています。

たった半年で、永遠に抜けられない地獄に落ちるには充分なのです。

貯金がない人は、半年どころか仕事を失って1か月で窮地に陥ります。

皮肉なことに、資本主義社会では、お金がうなるほどある人には銀行も喜んでお金を貸します。しかし、お金がまったくない人には土下座してもお金を貸してくれません。

お金がなくて生活できない人にはお金を貸さないのが、資本主義なのです。

小さなお金は、何の力も意味もないように見えます。

だから、小さなお金であればあるほど、人々はそれを軽視してしまう傾向があります。

富裕層と貧困層では、「貧困層のほうが気前がいい」とよく言われます。

実際、貧困に落ちている人が気前よく、なけなしのお金を他人に与えるのは、多くの人が目撃すると思います。また、貯金がある人と貯金がない人では、貯金がない人のほうが逆に気前がいいのです。

自暴自棄になっているので、他人にお金をあげてしまいやすい心理状態にあると観察することもできます。

しかし、それだけが理由ではないと思います。持っているお金があまりにも小さすぎて、それが「大切なもの」という気になれないのではないでしょうか。

どんな小さなお金でも、貯めれば増える

あなたは「1円」を拾いますか?

たとえば、道端に1円玉が落ちていたとします。

数百億円の資産を残した、作家にして実業家だった邱永漢《きゅうえいかん》氏は、

「**自分でも拾うし、落ちていたら拾え**」

と著書に書いています。

1円を粗末にする者は、大金もまた粗末にするのです。

1円を大事にする者は、大金ならなおさら大事にします。

だから「1円玉でも拾う」のが正解なのです。

これは意外に多くの富裕層に共通しています。

ビル・ゲイツもエレベーターで1セント硬貨を拾って大喜びしていたのを同僚に呆れられていますし、ウォーレン・バフェットも1セント硬貨を拾って「未来の10億ドルだ」と言って、それをポケットに入れていたそうです。


「1円」に価値を見出せるか。

小さいお金を積み重ねたものが、大きなお金です。

ところが、貯金が少ない、またはまったくない層は、その部分に気づかないのです。

だから、1円玉が落ちていても鼻で笑って拾おうとはしないし、1円に価値を見出さないのです。さらに持っているお金も無駄に使っていくのです。

1円なんてたかが知れていると思う人間にとって、1円を貯めるというのは、やる気も意味も感じられないのかもしれません。これが10円や100円になってもやはり大したことがないように思うかもしれません。

しかし、それは間違っていると思います。

10円玉を100枚貯めると1000円になります。

1000円札を10枚貯めると1万円になります。

小さいお金であっても、それを貯めると増えるのです。

どんな小さな仕事でもいいから継続すると、10万円を20万円に、20万円を40万円に、そしてどこかで100万円にまで積み上がります。

私のメンターはわかりやすく、このようなお話をしてくれました。


「中野君、1円玉が落ちていたら助けてあげるんだよ。

1円玉を助けてあげれば、皆、集まってお礼に来てくれるんだよ。

汚れていたら、きれいにしてあげる。

そうするとね、1円玉のお父さんが、

『子どもを助けてくれて、ありがとうございました』

とお礼を言いに来てくれる。

1円玉のお父さんは5円玉なんだよ。その5円玉のお父さんは10円玉。

そうやって50円、100円、500円、1000円、5000円、1万円と続く。

1円玉を助けてあげれば、皆、集まってお礼に来てくれるんだ。

だから、1円玉が落ちていたら助けてあげるんだよ」

あなたも道端に1円玉が落ちていたら、助けてあげてくださいね。

ノーリスクハイリターンの投資はある

よくある話ですが、大事なことなので、あえてお伝えします。
お金の使い方には、

（1）浪費
（2）消費
（3）投資

の3種類の使い方があると言われます。

（1）浪費

「浪費」とは、払ったお金よりも将来にわたって得る利益・メリットが少ない支出のことを言います。簡単に言うと、必要のない無駄な支出のことです。

つまり「使ったお金＞価値」となります。

必要以上の贅沢や賭けごとなどはもちろん、ほかにもっと安い、もしくはお金がかからない代替案が存在するものなどです。

たとえば、見栄を張ろうとして自分の収入に見合っていない高級品を買ったり、多すぎる飲み食い費用、必要以上のオシャレ代、買物時の衝動買い、スマホゲームなどの無駄な課金代などがそれにあたります。

また、自分への投資のつもりでジムに通ったり習いごとに通ったりしたけれど、途中で通わなくなったりする場合なども浪費になります。

（2）消費

「消費」とは、毎日の生活に最低限必要な食費、水道光熱費、生活日用品などへの支出が該当します。

つまり「使ったお金＝価値」となります。

消費は生きていくために必要な支出で、どうやっても0にはできません。

しかし、消費に関しては、細々とした節約の方法を使って減らすことができます。

一番有効なのは、そもそもその消費が浪費になっていないかを考えることです。

消費は欠かせない出費ですが、定期的に見直してできるだけ減らせるようになれば、それに越したことはありませんよね。

（3）投資

「投資」とは、「将来的に資産を増やすために、現在の資産を投下すること」です。

ここでは、将来自分の知識・能力・財産を向上させるために使う出費とします。

昇進のために英会話教室に通ったり、月に1回おいしい物を食べてモチベーションを保つなど、使ったお金以上の見返りが後々に期待できる支出です。

教養を深める書籍代、人脈を築く交際費、いまある資産を増やすための出費などは、できるだけ多くかけていきたいものです。

「使ったお金＜得られる価値」ということです。

私は、メンターにこう教わりました。

「お金は人間と同じだよ。自分のことを無駄に使ってしまう人のそばからは離れたくなる。自分のことをいいことに使ってくれる人のもとには、集まりたくなる」

このことを聞いてからは、書籍代や勉強会などへの投資は惜しまなくなりました。

月15万円を自己投資に使う

あるとき、メンターに「株などの投資はどう思われますか？」と聞きました。

「株は悪いわけじゃないけど、じゃあ、中野君は株に5000万円とか、1億円とかを投資できるの？」

「無理です」

「え？　もしかして中野君、株って100万円、200万円とか、数百万円レベルのこと言ってるの？」

「はい、そういうレベルのことです」

「そんな小さな額で株やっても意味ないから、やめとき！」

こんなふうに言われました。

いまとなっては、仮に金融商品に２００万円を投資して、３％の利回りがあったとしても、年間たったの６万円、月にしたら５０００円だとわかります。

インフレプレミアムで一瞬のうちに帳消しになってしまうような利益を追求して、「俺は資産を運用している」と得意げになっている人がいたら「いったい何を目指しているの？」と問いかけたい気持ちになります。

「投資のなかでもひとつだけ、ノーリスクでハイリターンの投資がある。

それは自己投資だよ。

株なんか買うお金があるなら、それを全部自分自身に投資するんだよ。

まずは自分の頭の中身に自己投資するんだ。
ビジネス書を読みまくって、勉強会などに行きまくるんだ。
自分の頭の中身に投資したものは誰にも奪えないから。
自分にお金を使ってるからノーリスクだよ。
そして将来、絶対にハイリターンになるから」

と教えていただきました。
そこからビジネス書を読みあさり、勉強会にも行きまくりました。
その結果、いまとなってはかなりのハイリターンになってきたと思います。

当時、会社員だった私は浪費を切り詰めに切り詰め、残業代も入れた手取り23万円の月給のうち、15万円を自己投資のために使うようにしました。未来のための投資は楽しかったですが、親の借金の肩代わりの額もあり、生活はカツカツでした。
メンターからは、

「貧乏はいまのうちしかできないから、それを楽しみなさい。あとになって絶対にそれがネタになるし、中野君に続く後輩たちの励みになるから」

と言われました。

自分に伸びしろがあると思えるなら、リスクを取れる範囲で積極的に自己投資したほうがいいと思います。

「毎月給料が入ってくるんだから、この額なら自分に投資しても大丈夫」という額を使い、自己投資し続けるのです。すぐにうまくいかなくても、絶対に成長があります。

とくに、自己投資で蓄積したものはなくならないということが利点です。

明日、会社が倒産しても、自分の知見は消え去らないのですから。

1冊の読書で、月収は1万円上がる

もしあなたが何冊かビジネス書を読んで、「最初から最後まで新鮮な内容だ」と感じたら、「自分の読書量はまだまだ足りない」と思ったほうがいいかもしれません。

マネジメントの父と呼ばれるピーター・F・ドラッカーのビジネス書も、みんな最初は刺激を受けながら過去の本を読みあさりますが、2冊、3冊と読み込んでいくと、「書いてあること、けっこう同じじゃない?」と理解できる瞬間が訪れます。

それが、本質に近づいた裏付けです。

これは別に、著者と出版社がサボってるわけではありません。

本質はそう簡単に変わるものではないから、そのように感じるのです。

本質に辿り着くことができて初めて、その本は自分の血肉になるのです。

そのレベルになるためには、ひたすら本を読みまくって、自分の思考力、知識、視座を高める努力を続けることが不可欠です。

量があって初めて質が生まれます。何事も量質転化です。


私の経験上、本を1冊読むという自己投資をすることによって、将来的に月収が1万円上がるという感覚です。

24歳でメンターに弟子入りをし、読書の重要さを教わり、そこから毎週1冊のビジネス書を読むように決めて、いまでも週に最低1冊はビジネス書を読むようにしています。良書は何度も読み返す場合もあります。


1週間に1冊、月に4冊、年間で約50冊。それを約20年間続けています。合計1000冊以上のビジネス書を読み、月収が1000万円を超えています。まさに、1冊読んで月収が1万円上がっているのです。

もちろん、本を読むだけで何も行動に起こさなければ、そうはなりません。

本で学んだことをどんどん実践していきました。

自己投資を続けてきて、とんでもないハイリターンになったのです。

本を読むだけで、すでにほかの人には勝っている

「本を読む時間がなくて」と言い訳する人がいます。

「本を読まないから時間がない」のです。

本を読めば他人の経験や知識を学ぶことができるのに、それを活用しないで自分で道を切り拓こうとするのは、人生の遠回りをしているのに等しいのです。それでは時間が足りなくなるのは当然です。

ビジネス書はたかだか1500円くらい。

普通の会社員の方にとってはもっとも気軽にできる自己投資の手段ではないでしょうか。

それを高いと思う人は、その投資の蓄積が大きな成果を生むという想像ができていないと

いうことなのです。

これは、会社員ならではの時給発想の弊害ではないでしょうか。

日本には正社員が約3500万人もいます。

ビジネス書は10万冊も売れたら大ベストセラーです。

割合で言ったら0・5％未満です。

しかも、正社員以外の人も当然読むので、実際の割合はさらに低くなります。

つまり、本を読むこと自体に希少価値が生まれる時代になっているのです。

本を読むだけで、あなたはほかの人よりも一歩抜け出しているということなのです。

億万長者には「億万長者なりの優先順位」がある

あなたがいま何を優先しているかを見れば、将来がどうなっていくかがわかります。

「会社の仕事」を最優先にしていたら、会社員として生き続ける人生になるでしょう。

「クワドラントを変えるための勉強や行動」を優先していくなら、将来的にクワドラントを変えていくことができるでしょう。

人生において、優先順位を一番にしたものが、最大化していきます。

「人生には決定的に重要な少数と、取るに足らない多数がある。上位20％のさらに20％、つまり上位4％の重要なことを第一優先にする。これが人生の優先順位の秘訣だよ」

メンターにこう教わりました。

「会社の仕事と自分の人生、どちらの優先順位が高いですか？」という質問をすると、「そりゃあ自分の人生ですよ」と答える方は多いでしょう。

しかし、「いまは会社の仕事が忙しいから自分の将来なんて考えられない。3か月後くらいに落ち着いたら考えるよ」という言い訳や先延ばしをする方がほとんどです。

そういう人は、見事に3か月後も同じことを言っているものです。

仕事が落ち着くことなどあるのでしょうか？

人生の選択に「3か月後」なんていう概念はありません。常に「いま」しかないのです。人生は状況が整うことはありません。状況が整うのを待っていたら、人生が終わってしまいます。

「いま、この瞬間」の優先順位が大事なのです。忙しいときこそ本質が出ます。「いま」の連続が人生なのですから。

自分を変えるきっかけが目の前にあるにもかかわらず、みすみすスルーしている人が本当に多いのには、いつも驚かされます。

優先するもののためには、何がなんでもスケジュール調整をする

あるとき、「転職したいから、誰か転職エージェントを紹介してほしい」という知り合いの女性がいました。

「今度、僕の知り合いがキャリアアップのセミナーをするから行ってみたら？　先方には伝えておくよ」と伝えると、彼女は次のように断ったのです。

「その日は彼氏とデートなんですよ。行けないですね～」

結局は、自分の都合（あるいは彼氏の都合？）を優先してしまっているのです。

チャンスを掴むことができる人は、何よりも解決策の可能性に目を向けて行動するので、自分の都合はあと回しにします。

「解決策のために、優先順位を変え、自分のスケジュールをなんとか調整できる人」がチャンスをモノにできるのです。

チャンスと見るや、スケジュール帳など確認せずに、即答で予定を決め、あとでなんとか調整する。それがチャンスを掴むための秘訣だと思います。

目の前の予定を変えられない人は、自分の人生を変えることなどできないでしょう。

もちろん、なんでもかんでも先約を断って、予定を変えろということではありません。

この人からのお誘いやアドバイスに対しては、必死になってスケジュールをやりくりして乗ってみるという相手を決めておくことです。

私にとってはそれがメンターなのです。

私の兄弟弟子のご夫婦で、メンターが開催している重要なセミナーと、ご自身の結婚式の日程が被ってしまったご夫婦がいました。

1年も前から予約しなければいけないくらい、人気の式場を予約されていました。

なんとそのご夫婦は即決でご自身の結婚式の日取りを変更したのです。たまたま近くの日取りでその式場が空いていたそうです。すごい優先順位です。

そのご夫婦はそれから11年たち、年収が1億円を突破し、幸せな事業家夫婦として活躍されています。

お金の優先順位もそうです。目先の快楽のためにお金を使うのではなく、長い目で見て投資になるお金の使い方をするかで人生が変わります。

投資とは「出したお金が、あとから大きくなって返ってくる可能性があるもの」を指します。一番の投資先は自分自身です。自己投資とは具体的には、

- **ビジネス書を読む**
- **成功している人に会いにいく**
- **自分を引き上げてくれる場所に身を置く**
- **健康に投資する**
- **自己研鑽のためのセミナーや研修に参加する**

などです。

あなたのお金と時間の使い方の優先順位は、どんなものですか？

Chapter 5

億を稼げる人の「生き方」

チャンスは、ピンチの顔をしてやってくる

大勢の人から「信じられない」「やめておけ」と言われるような道を選んだとき、方向性を思いっきり否定されたときに、じつはすごいチャンスがやってきます。

言い換えれば「一般の人たち＝多数派」から否定されないような行動ばかりしていても、人生をよりよい方向に変えることはできないということです。

多数派の「それいいね。やってみたら」という意見を聞き入れても、たいていはターニングポイントとなるようなことには至りません。

まわりの人はほとんど理解してくれない、援軍はほとんどなし、そういう行動が自分の世界を大きく変えていくのです。

まわりからの目が気になる気持ち、人の目を恐れる気持ちはわかります。

私も人一倍気にしていました。

しかし、他人から嫌われても、変だと思われても、死にはしません。

あなたの夢や目標達成を邪魔したり阻害する人のことを、ドリームキラーと言います。

たとえば、誰かに自分の夢や目標を話し、それに対して「あなたには無理だよ」「そんなの叶うわけない」などと言われて心が折れてしまった経験はありませんか？

その「あなたには無理だよ」「そんなの叶うわけない」と言った相手こそがまさに「ドリームキラー」です。

ドリームキラーは身近にいることが多いと言われています。

それは親だったり友だちだったり、会社の上司、あるいは恋人だったりします。

ドリームキラーはあなたに助言をしているつもりで、夢や目標を否定してきます。

しかし、その言動は、無意識のうちに起こる「自分より幸せになることが許せない」という心理が起こさせているかもしれないのです。

ドリームキラーの対処法として、もっともいい方法は「無視すること」です。

しかし、親しい相手であればあるほどそれは難しいことでしょう。

そこで、あなたに必要なことはただひとつ、「絶対にあきらめない意志」を持つことです。

ドリームキラーに何か言われても、すべてポジティブな方向へ考えるようにしましょう。

「心配してくれてありがとう、でも私は絶対に目標に到達する」と、先へ先へと進んで行ってしまえばいいのです。

とはいえ、相手は親身になって助言をしていると思っている場合もあるので、その気持ちだけはしっかりと受け取り、助言してくれたことにはっきりと感謝を表すことは大切です。

反抗的な態度を取って人間関係を壊さないように、気をつけなければいけません。


「でも、いつもつるんでいる、あの親友に止められたらどうしよう」

そんな気持ちもわかります。ただ、あなたが変わろう、よくなろうとしているのを止めるのは、親友なのでしょうか？

「繁栄は友をつくり、逆境は友を試す」という言葉があります。

調子がいいときは友だちが増えます。宝くじに当たると親戚が増える理論と同じです。**しかし、誰にも理解されないとき、自分が本当に逆境のときに応援してくれるのが本当の親友だと、私は思います。**

失敗しても、人に断られても、あなたという存在の価値は変わりません。

失敗するたびに、人に断られるたびに成長しています。

成功があなたから逃げることはない、逃げるのはいつもあなただ

「成功哲学の祖」として世界的に知られている、ナポレオン・ヒル博士は、3万人の男女に、「人は何回、挑戦したらあきらめるか」という調査をしました。

答えはなんと0・8回でした。

多くの人は、目標を立てはするが、挑戦する前にあきらめてしまうのです。

しかし、少数派に入る人は100回でも1000回でもチャレンジし続けるのです。

その差は何でしょうか？


それは、その人の持つ信念です。


偉人と呼ばれた人たちは皆、普通の人たちです。ただ、彼らには「失敗を積み重ねていけば、成功する」という信念があるのです。

成功したければ、誰よりも失敗をすること。それが正攻法です。

あなたはいま、何回目の挑戦であきらめようとしていますか？

まさか、10回や100回で、終わりにしようとしてはいませんよね。


ウォルト・ディズニーは302回の融資の交渉をしました。

カーネル・サンダースは1009回の営業をしました。

エジソンは1万回の実験をしました。

バスケットボールの神様マイケル・ジョーダンは、

「選手人生のなかで9000ショット以上は失敗しています。ゲームには300回ぐらい負けていますし、決勝点となる一球を任されて26回失敗しました。何度も繰り返し失敗しました。だから成功したんです」

と言っています。

成功はあなたから逃げることはありません。あなたが逃げることはあっても――。

成功は何回でも待ってくれるのです。

夢や目標を「実現したい」と願う人もいれば、「実現してくれたらいいのに」と願う人もいます。そして、みずから「実現する」人もいます。

すべてのことを全否定されたときこそチャンスです。

チャンスは、ピンチの顔をしてやってくるのです。

実家なんて、秒で飛び出せ！

あなたは自立していますか？

動物でも巣立ちをします。

しかし人間には、巣立ち（実家を出ること）をするのが遅い方が多いように感じます。**実家は不健全な堕落スポットであり、「生きる力」が失われる場所です。実家にいると、親にしてもらうことがあたりまえだと思ってしまうのです。**

実家暮らし同士で結婚すると、離婚率が高いとも言われています。

「親が自立させてくれないから」と言う人もいますが、あなたを見て頼りないから、親も心配なのではないでしょうか？

20歳を越えた社会人であれば、何かをするのに親の許可は必要ありません。

彼氏や彼女と付き合うときに、「お父さんとお母さんの許可を取ってから……」と言う人はいませんよね。

あなたの人生です。親から独立して、自立した人生を生きましょう。


私の妻は、25歳のときに彼氏である私を「メンター」と呼び始めました。

私のメンターにも弟子入りし、すぐに実家を出てチャレンジした結果、29歳で月収100万円を稼ぎ、そのときに私と結婚し、いまは一緒に会社経営をしています。

「いずれ結婚・出産を考えている女性は、独身で自由に動けるうちに経済基盤をつくっておいたほうが、絶対にいいです」

と妻はよく言います。

女性事業家としても、妻としても、母としても、すべてを全力で高いクオリティでやっていて、大尊敬しています。

子どもには、やりたい習いごとをすべてさせてあげています。一時期は7つの習いごとをしていました。妻の妊娠後の定期検診には私が毎回付き添いましたし、授業参観や運動会にも必ず行きます。

経済基盤をつくったあとは、手前味噌ですが、こういった理想の結婚生活を送ることも可能なのです。

親や誰かに依存するのではなく、自分の力を信じて、チャレンジしましょう。

幸せは全部取りしていいのです。

成功者の常識をインストールせよ

「中野君、サラリーマンの常識と成功者の常識は違うよ。成功者になりたければ、成功者の常識を受け入れるんだ」

とメンターに教わりました。

メンターに教わった常識は、次のようなことです。

・実家はすぐに出ろ
・親や親戚、親友、彼氏、彼女、奥さん、旦那さんの常識も鵜呑みにするな
・家族に相談するな
・学校の先生の言うことを鵜呑みにするな
・マスメディアの言うことを鵜呑みにするな
・インターネット上の情報も鵜呑みにするな
・少数派に入る覚悟をしろ（友人が減ることを恐れるな）
・一緒にいる人を変えろ
・ドタキャンは絶対に避けるべき。ドタ参加は大歓迎
・自分の人生をよりよくするための転職であれば、何度してもいい
・会社の看板なしで勝負できるようになれ

・手に職をつけるだけでは幸せにならない

そして世の中にある、「悪くならないための情報」ではなく「よくするための情報」を常に取ることです。

「よくするための情報」とは、

① 本

② セミナー

③ 成果をつくっている人から直接聞く

の3つくらいしかないと思っています。

これらを踏まえて、ぜひ行動してみてください。

億を稼げる人は、メリットよりも義理人情を大事にする

あなたは、どんな信条を持って生きたいですか?
あなたは、どんな信条を持った仲間とチームを組みたいですか?
あなたから始まるコミュニティは、どんな信条を持ったコミュニティにしたいですか?

コミュニティにおいては「信条＝文化」とも言えます。
「メリットがあるから一緒にいる」のか「損得勘定抜きで一緒にいたい」のか。

最近「メンター」という言葉をよく聞きます。この本でも、何度も登場します。
「師匠」という言葉は英語では「メンター」や「マスター」と表現されます。
厳密に言うと、師匠とメンターとマスターは少しずつ違うニュアンスなのかもしれませ

んが、私は呼び方の問題だけで、基本的にはすべて同じで、師匠だと思っています。

アドバイスをくださるアドバイザーや、サポートしてくださるサポーターはたくさんいてもいいと思いますが、前述したように師匠（この項目だけは、あえてメンターではなく「師匠」と表現します）は1人がいいでしょう。

日本だと「道」の付くもの。「道＝タオ」に弟子入りをして、その道を極めるために、「極められた人＝師匠」から教わります。

「守・破・離」という言葉があるように、まずは基本を叩き込み、教え子が独り立ちできるまで面倒をみるのです。

親子関係にも似た、関係性となる師匠と弟子。

もちろんすべては自己責任という大前提はあります。

師匠は、基本的に「愛」という視点で弟子をみます。学ぶ側も師匠は基本的に1人です。ですからどの道も厳しくてあたりまえ。一人前になるためだから。

これに対して、アドバイザーやサポーターは、もう少しライトな存在と思ってもらうといいでしょう。

親子というより、何かを教えてくれる友人関係みたいなものです。

ですから何人いても、それは学ぶ側の都合です。その代わり、あくまでその実行責任は学ぶ側にあります。

1人の師匠（メンター・マスター）のほかに、あなたが必要としていることに詳しく、専門的なことを教えてくれるアドバイザーやサポーターがその必要なことの数だけいれば、最高の形でしょう。

あなたに人生の指針を教えてくれる師匠、具体的スキルを教えてくれるアドバイザーやサポーターの存在は、あなたの人生を素晴らしいものに変えていきます。

メンターから「与えてもらっていてばかり」ではダメ

私は、個人的には師匠は一生ものだと思っています。独立したあとも、お世話になったことは変わりません。

そこに義理人情が通っているか、そこが大きな違いだと思います。

だから、自分のことだけ考えているようではダメです。

与え合う関係。師匠にもらってばかりじゃ終われない。

自分が師匠に何を与えられるのかをいつも考えてきたからこそ、いい関係が築けてこれたのだと思います。

「してあげたことは、忘却の彼方へ。受けた恩は、鉄の金庫にしまって鍵を何重にもかけるんだ」

この師匠の教えを、ずっと大事にしたいと思っています。

ロールプレイングゲームのように生きよう

「若いうちの苦労は買ってでもしろ」ということをよく言われます。

この言葉には完全同意です。

私がメンターの起業塾に飛び込んだときの理由はいくつかありますが、「成長したい」という理由が大きかったです。

「ビジネスオーナーを目指すなかで、ここで学んだことを実践し、全力でチャレンジすれば、とんでもなく早いスピードで成長するよ。成功するのに必要な失敗の数（経験値）はある程度決まっているんだ。だから避けるのではなく、前倒しで経験を積んだほうがいいよ」

こう教わりました。

学んだことを実践していくなかで、たくさんの経験をしました。

プロジェクトの立ち上げ方、タスク管理、新規開拓、リーダーシップ、マネジメント、人間関係、感情との向き合い方、お金の使い方、心構えなどを学んできました。


会社員の仕事は1→2にする仕事、経営は0→1を生み出す仕事です。

成長を望む人は、とにかく0→1のプロセスを自分でやってみるべきです。

もし私が今後大きな失敗をして無一文になったとしても、この0→1の経験値さえあれば、何度でも立ち上げられます。経験値こそが財産なのです。


「自信がないから○○できない」と言う人がよくいます。

「中野さんは、最初から自信があったんですか?」と聞かれたりもします。

最初から自信なんてあるわけありません。

あなたの過去の人生を思い返してみて、自信ができてからやったこと、ありますか?

自信ができてからやったのではなく、やったから自信がついたんじゃないでしょうか？

スポーツ、勉強、習いごとなど、できる自信があるから始めたのではなく、やっていくうちに自信がついたのではないでしょうか？

自信がないから行動しないのではありません。行動してこなかったから自信がないのです。自信の根拠となる経験値を積めばいいのです。


私はいつも、「人生をRPGのように生きると楽しい」と思っています。

ゲームの三大構成要素は、

（1）目的
（2）ルール
（3）敵

です。

これらの3つの条件が揃っていれば、それはゲームであり、人生もゲーム化することが可能だと思います。

では、どうやってこの3つの要素を人生に取り込むか、です。

まず、人生のゲーム目的を設定するのです。

「お金持ちになる」

「ビジネスオーナーになる」

「人間的に成長する」

など、なんでもいいと思います。

目的を設定すると敵が現れます。

たとえば、

・**目的＝「志望校合格」**

・**敵＝「入試」「学校のテスト」「模試」「友だちからの遊びの誘い」「睡魔」**

などです。

RPGの場合であれば、敵を1体ずつゲーム作成者がつくる必要があるというのに、人生RPGに登場してくる敵は、自分でつくらなくても、ゲーム目的を設定した瞬間、自動的に生成されてきます。

目標を達成するために自動生成された敵と闘い、仲間にしていくかを考える必要が出てくる。人生に登場する具体的な敵は次のようなものです。

・金欠（この敵に敗れて自殺する人もいるぐらいです）
・やる気不足、能力不足（自分のなかに存在している敵）
・他者（目的達成を阻止しようとする他人）
・自分の感情（見栄、世間体、羞恥心）

これらと戦い、自分の味方にしていくこと。

RPGでは経験値を上げるために、敵と闘います。

RPGで敵を倒して経験値を上げていくこと自体が楽しいように、人生での敵との闘い自体を楽しんでいくことです。

人生をRPGとして楽しむためには、敵（障害）と遭遇したとき、それを（RPGで敵と遭遇したときと同様に）マイナスと捉えず、このように捉えましょう。

人生での敵（障害）
＝自分の人生RPGを面白くしてくれる存在
＝格闘することにより経験を積ませてくれる存在
＝倒しがいのあるモンスター
＝攻略法を考えるのが楽しいパズル

この攻略を楽しみながら、敵との闘い（もしくは敵を味方・仲間に変えること）を楽しめばいいということだと思っています。

人生のRPGのルールとは？

しかし、RPG世界のルールと人間世界のルールを比較したとき、ひとつ最大の違いがります。

人間の世界のゲームルールは、どこにも明記されていない、ということです。

ＲＰＧの場合であれば、「敵との闘いに勝てば経験値が増加する」「経験値が基準を超すとレベルが上がる」「レベルが上がれば攻撃力が増し、敵を倒しやすくなる」などのゲームルールが、しっかりとＲＰＧのゲームマニュアルに記されてあります。

人間世界のゲームルールは、設定されていないのです。

そして、マニュアルもどこにも存在していません。

設定されていませんが、次のように経験則からわかるルールもあります。

【ルール１】「自由度の高さ」

ゲームの目的は自らの意思で自由に追加変更可能／選択可能なコマンドは無数にある

【ルール２】「体験重視」

勝っても負けても途中で逃げても、敵と闘うと経験値増加

【ルール3】「サイコロ的ゲーム性」

世界は偶然に支配されている（事前シナリオなし）

【ルール4】「多様性」

人それぞれ得意分野が異なる

ＲＰＧでは勝たなければ経験値はもらえませんが、人生の場合、勝っても負けても敵と闘いさえすれば経験値がもらえるのです。

つまり目の前の敵、障害と闘わないと損なのです。

こうやって人生にＲＰＧの要素を取り込むことで、目の前の問題にどうやって対処していくかを具体的に考えることができるようになります。敵を倒すたびに成長し、目的に到達することができるのです。

あなたも人生というＲＰＧで、経験値を上げまくりましょう。

応援する人だけが応援される

人生の成功にはいくつかの秘訣があるとは思いますが、そのうちのひとつは「応援される人になること」ではないでしょうか。

まわりの人の応援なくしては、試練や困難を乗り越えることも、成功もないと思います。人は1人では生きられません。人は誰かに支えられ、応援されて、生きています。

そして、応援される人になるためには、まず自分がたくさんの人を応援する人になることです。あなたの大切な人、大好きな仲間を応援する人になることです。

「いつも応援してくれているAさんだから、自分も応援しよう」

これは当然の感情ですよね。貸し借りとか損得勘定を超えた、人と人との間に生まれる自然な感情です。

応援とは見返りを求めての行為ではなく、それ自体が自分の喜びとなる行為です。

しかし、自分を応援してくれるという行動を通じて、自分に関心を持ってくれているAさん、自分を認めてくれているAさん、自分を尊重してくれているAさん、そのような「Aさんという人」の力になりたい、という気持ちが自然と湧いてくるのです。

応援は行動で示そう

人を応援することから、たくさんのことを気づき、学び、成長があります。

想いは行為です。「応援してるよ」と言葉でどれだけ言っていても、行動をともなわなければ思っていないのと同じです。

・口では「応援するから」と言っても、いざとなると何もしない人
・「応援してやってるんだけどさあ」と、自分のことをひけらかす人
・批判をしたり足を引っ張ったりする人

このような人には、応援しようという気持ちはあまり起きません。

自分が相手に対して取っている行動は、相手が自分に対して取っている行動の裏返しです。あるいは、相手が自分に対して取っている行動は、自分が相手に対して取っている行動の裏返しでもあります。

だから、応援される人は、日頃からまわりの人を応援している人なのです。

私なら友人や仲間やメンターがバーを始めたら、そこで飲んでお金を落とします。

友人や仲間やメンターが雑貨屋を始めたら、そこで買い物をします。

友人が悩んでいたら、いい本を教えてあげたり、悩みの解決につながる人を紹介してあげたり、メンターを紹介してあげると思います。

想いを行動で示す。まずは自分が応援者になる。

多くの人から応援される人というのは、誰よりも多くの人を応援している人なのです。

与えたら、与えたぶんだけ返ってくるのです。

「誰にでもできることを、誰もやらないくらいやり続ける人」が、億を稼ぐ人になれる

メンターから教わってきたことはすべて人として大切なこと、原理原則です。

そこに価値があるのです。

特別な才能などなくても、自分を磨き、努力の方向性を整えれば、あとは努力によって理想の人生はつくることができる。自分の将来のために努力を惜しまずにハードワークする、ハートのいい人がうまくいく世の中。

これが、私や私のコミュニティの大事にしている価値観です。

ここまで読んできたあなたならおわかりだと思いますが、この本には「誰でも○○で簡単に！」とか「すぐに楽して儲かる！」とかいう手っ取り早い方法は書いていません。

特殊なやり方・スキル・テクニックは、再現性に欠け、短命だと思っているからです。10年後、20年後には役に立たないでしょう。

原理原則とは不変であり、普遍であり、再現性があり、効果性がある必要があります。

メンターからの教えは、「基本を愚直に徹底的にやる」です。

そのことが生涯を通じて役に立つ経験値となり、財産になるのです。

過去の学歴などで人生の優劣が決まってしまう世の中だとしたら、味気ないなと感じます。しかし実際は、社会人になってから学ぶか学ばざるかで、人生は大きく変わります。

何歳からだって、逆転はできる

誰もが知っている、1万円札の顔、慶應義塾の創立者である福澤諭吉は『学問のすゝめ』で次のように言っています。

「天は人の上に人を造らず人の下に人を造らずといへり。

〜中略〜
されども今廣く此人間世界を見渡すに
かしこき人ありおろかなる人あり貧しきもあり冨めるもあり
貴人もあり下人もありて其有様雲と泥との相違あるに似たるは何ぞや」

昔の文章なのでわかりづらいと思いますが、関西弁で言うと次のようになります。

「神様は人間を平等につくってて、生まれながらにして上も下もないらしいで。
でも！　でも！　じゃあ、なんで頭のいい人もおればアホもいて、
金持ちもいれば貧乏人もおるんや!?　おかしいやん！」

ということです。そしてその後、こう続きます。

「されば賢人と愚人との別は学ぶと学ばざるとによりてできるものなり」

つまり、

「頭いいヤツとアホの違いは、学んだか学んでないかということやで」

と言っているのです。本当にそう思います。

私自身が、24歳までは普通の会社員だったところから、本当に毎日学んで学んで学びまくり、いまは法人を4社経営し、年収は億を超え、人生が変わりました。

特別な才能があったわけではありません。かなり不器用な人間です。

ただ「学んできた量、努力してきた量」には、堂々と胸をはることができます。

まだ約20年ですが、学びと実践を繰り返してきて思うことは、「人生は一生学びであり、一生修行だ」ということです。

もしかすると、「一生修行か、きついな〜」と感じる人もいるかもしれませんが、そのほうが楽しいです。楽しんだらいいんです。成長することをあたりまえの習慣にしてしまえばいいのです。

息を吸うこと、吐くこと、ご飯を食べること、学ぶことを同列の感覚にするのです。慣れるとそれがあたりまえになります。

「うまくいく人は特別な人ではないんだよ。誰にでもできることを、誰もやらないくらい一生懸命やり続ける人なんだよ」

とメンターに教わりました。

学び続けることは誰だってできます。共に成長者として生きていきましょう。

自分との約束を守ることが、すべてを変える

メンターから最初に教わった教えが「約束を守れ」ということでした。

あなたは他人とした約束、自分とした約束をこまかいレベルまですべて守っていますか？　これを日々実行するのは、なかなか至難の業です。

私は、メンターの起業塾で学び出してから、すべての学びの場に足を運びました。それが東京だろうが北海道だろうがカムチャッカ半島だろうがです（カムチャッカ半島は嘘です）。

なぜか？　約束したからです。

「何を言っているかではなく、何をやっているのかを見れば、その人がわかる。僕は行動

しか見ていない。口は簡単に嘘をつくけど、行動は嘘をつかないからね」

とメンターに言われたのです。

行動で示すしかないと思い、必死に食らいついてきました。

免許皆伝をいただき独り立ちするまでの5年間、メンターの講演会など、学べるチャンスは（インフルエンザで「来るな！」と言われたとき以外は）一度も逃したことがありません。

体調が悪かろうが、熱が39度あろうが、学びを優先してきました。

私がもともと約束を必ず守る人だったかというと、そうではありません。言ったことをやらなかったり、三日坊主で終わったり、時間にもルーズでした。

では、なぜそれだけ忠実に約束を守ったかというと、メンターが「約束」をとても大切にされているのが日頃から伝わっていたからにほかなりません。

約束に厳密な人との約束は、守りたくなるのです。

日頃から「約束」というものを大事に扱っているあなたであれば、まわりの人もあなたとの約束を守りたくなるはずです。

逆に「約束」をずさんに扱っていると、あなたもまわりの人から約束を破られまくることになるでしょう。

自分を信頼できる人は、自分との約束を守れる人

そして、とくに念押しされたのが、「自分との約束を守れ」ということでした。

人との約束は一生懸命に守ろうと努力をします。

人との約束を破ると相手に迷惑をかけたり、信頼を失うからです。

でも、自分との約束は軽く見がちです。

なぜか？　自分との約束を破っても誰にも迷惑はかからないし、誰の信頼も失わないと思っているからです。

しかし、迷惑がかかっていて、信頼を失ってしまっている相手がいます。

そう、自分自身です。

自分との約束、たくさんありますよね。

「今日は何時に起きよう」

「何時に寝よう」

「何回筋トレしよう」

「何ページ本を読もう」

「この仕事は何時までには終わらせよう」

「この目標をいつまでに達成するぞ」

など。


自分との約束を守れば守るほど、自分への信頼が増します。

自分との約束を破れば破るほど、自分への信頼が減ります。


自分への信頼＝自信のことです。

小さなことから大きなことまで、自分との約束を守れば守るほど自分への信頼が増えていき、「自分は決めたことを達成する人間なんだ」という自己概念ができあがっていき、何をやっても努力すればうまくいく人間になっていくのだと思います。

「約束とはメッセージ。
守ると『あなたのことが重要ですよ』
破ると『あなたなんかよりも、重要なことがあったんだ』
と、暗に伝えていることになるんだ。
どんなに見事な言い訳や正当化をして、その場をうまくやり過ごせたように見えても、
現実として、信頼は確実に減っている。
守ると正しい、破ると間違っている、などという浅い話ではないんだよ」

と、教わりました。「約束を守る」ということ、「言ったことをやる」ということは、自分のまわりの人の尊厳に大きく関わってくる大切なことなのです。

「人生」という名の映画の主役になれ

メンターと初めて出会ったとき、

「中野君は何のために生きてるの？　何のために生まれてきたの？　人生の目的は？　存在理由は？」

と聞かれ、まったく答えられませんでした。そんなこと考えたこともなかったからです。

正直に「考えていません」と答えると、

「いま考えてないのは悪いとは思わない。でも、人間として生まれてきたんだから、考えたほうがいいよ。このままもし何も考えずに生きたとしたら、それは動物と同じだよ」

と言われ、心に突き刺さりました。

もし、人生の目的も何もないまま生きていったとしたら、

「大学」↓「就職」↓「結婚」↓「マイホーム」↓「子どもの成長」↓「中間管理職」↓「不倫」↓「離婚騒動」↓「仲直り」↓「早朝ゲートボール」

と、昔のメロドラマ風に平凡な人生が展開していってしまいそうな人が多いかもしれません（私の場合は家庭の複雑な事情がありましたが）。

もしくは、会社の倒産やリストラなどによって、そんな平凡な人生すら難しい時代になっている可能性もあります。

希望に燃えて入社した会社でも、あっという間に組織にのまれ、やりたいこともできないまま、やらなくちゃいけないことに追われ、学生時代の友だちと久しぶりに会っても、昔話と愚痴しか言えず、「現実はそんなに甘くないいね。俺たちももう若くないしね」なん

て苦笑する。

生活の安定のために、嫌な職場を辞めることもできず、毎日新しいこともなく、同じレールの上を行ったり来たり――。

満員電車では痴漢と間違われ、ちょっとぶつかったくらいでイライラする。

疲れた顔で週刊誌を読み、「金があれば、時間があれば」が口癖になり、給料や小遣いの範囲でしか夢を描けなくなる。

自分だけが夢や希望を失うのは嫌だから、他人の夢や希望までも鼻で笑うようになる。

安いスナックでハイボールを飲みながら、若い女の子のおしりをさわり、「手がすべっちゃった。ごめりんこ」と寒いことを言い。酔っ払って団地に帰ると奥さんはもう寝ていて、一人寂しくカップラーメンをすする日々。

中学に入って、少し反抗的になった息子に向かって、

「父さんも若い頃はずいぶんワルで恐れられたもんだよ。はっはっは」

なんて、バーコードヘアーで、太ったお腹をかかえて……。

想像をしたら、

「**嫌だ！！　イヤ！　イヤ！　イヤ！！　絶対にイヤ！！**」

と私は思います。

私たちは誰もが、自分の人生という映画では自分が主役で、ほかの登場人物は脇役です。

シナリオはあなたが自由につくることができるのです。

あなたはどんなシナリオがいいですか？

さまざまな困難を乗り越えて主人公が成長し、ハッピーになっていく物語は感動します。

逆に、何の困難も起こらずに、主人公の成長もなく、楽に成功していく物語に感動しますか？

この国に生まれた時点で、すでに幸せなんだ

この日本に生まれた時点で、全世界トップ2％の富裕層だそうです。

ある意味、私たちは最初からチャンスを掴んでいるのです。

そのチャンスを活かすも殺すも自分次第です。


ある発展途上国の子どもたちの映像を見たときに、衝撃を受けました。

映像のなかの子どもたちは、極度の栄養失調状態。

「一度でいいから、お腹いっぱいご飯を食べてみたい」と、子どもたちはよく言うそうです。

でも、彼らは本当に明るく、家族思いです。一生懸命に生きています。

学ぶ意欲も尋常ではありません。

ゴミの山から本を引っ張り出してきて、文字を勉強したり、ペンとノートを買えない子どもたちは、一生懸命に声に出して覚えたり。

その全力な姿勢を見て、私は自分が恥ずかしくなりました。

「俺、こんなに全力で生きてるかな?」と思いました。


世界には、好きなものも食べられない、やりたいことがあってもできない、仕事すらない、学びたいことがあっても学べない……という人たちがたくさんいるのです。

でも、私たちは日本に生まれているので、そういった状況がありません。

仮にあったとしても、ほぼ自分次第で何とかできます。

日本にいたらあたりまえなので、なかなか感じられません。

「もし自分の生活を24時間ビデオで撮られていたとしたら、その子たちに見せられるかな？　会社員時代のダラダラした、親を恨み、真剣に生きようとしていない自分だったら、とても見せられない！」

と思いました。

もし、当時の私の生活を彼らにビデオで見せたとしたら、

「この人はこんなに恵まれていて、なんでもできる国に生まれたのに、なんでこんなにダラダラしてるんだろう。なんで、『できない』とか『難しい』とか言い訳して、動かない

んだろう。そんなんだったら、僕と立場を代わってほしい！」

と思われると思います。

もし、本当に立場を入れ替えることができて、彼らが日本という恵まれた環境で一生懸命に生きたとしたら、たちまち大成功者になると確信します。

人生に対する本気度が違うからです。

彼らの目を見て、「お兄ちゃんも、君らと同じ一生懸命さで人生をやりきってるよ！」と胸を張って言えるように目指さなければ、彼らに失礼だなと思います。

ドラマを楽しめ！

あなたは可能性の塊です。

あなたの両親は、あなたが子どものころ、あなたに無限の可能性を見ていたはずです。

あなたに子どもができたとしたら、親として、子どもに無限の可能性を見るはずです。

であるならば、いまのあなたにも無限の可能性があります。

トマトの苗木は「ハイポニカ」という特殊な培養液で育てると、5000個から1万個の実をつけることが可能です。

DNAはいじっていません。普通の苗木です。

土というものは、苗木が根を伸ばすうえで物理的な障害要因であり、それを取り除くことで根が無限に広がっていく＝上部も大きく成長し、本来植物が持つ生命力が最大限発揮されるからだそうです。

このことを自分自身に置き換えてみたら、どうでしょうか？

普通の環境では、あなたという苗木は、平均的な範囲で終わるかもしれません。

では、伸び伸び根をはれる、育ちたいだけ育てる環境に自分自身を移したとしたら、どれほどまで成果を実らせることが可能なのでしょうか？

苗が特別なのではありません。

土壌が重要なのです。

自分という苗木を、どういった環境で、コミュニティ＝チームで育んでいくのか。

あなたの可能性を最大限発揮できる環境は、どこにあるのでしょうか？

「少なくとも、いまいる場所じゃない」とあなたの心が感じているのなら、思い切って飛び出しましょう。

居心地のいいところから一歩出ると、おどろくほど世界が広がります。

人生100年時代と言われています。

1年365日、100年で3万6500日です。

人生が1本の映画だとしたら、もう4分の1から3分の1くらいは過ぎてませんか？

映画開始からそれだけたっていて、何のドラマティックな展開も起きない映画だとしたら、つまらなくないですか？

そろそろ主人公のあなたが変化を、ドラマティックな展開を起こしませんか？

チャンスは目の前にあります。

あなたが、気づこうとするかどうか、掴もうとするかどうかです。

それはあなたが最近出会った人かもしれないし、この本の存在を教えてくれた人かもしれません。

あなたがこの本と出会ったことには、意味があると思います。

人と出会ったことにも意味があると思います。


あなたの人生を変える人と、すでに出会っているかもしれません。

そのチャンスに気づき、チャンスを掴み、掴み続け、離さないことです。

次はあなたが主役のサクセスストーリーを、聞かせてください。

あとがき――

最後まで読んでいただき、ありがとうございました。

まずはこの本の執筆にあたり、メンター、両親、姉、妻はもちろんのこと、多大なご協力をいただいた権藤優希先生と、きずな出版の小寺裕樹編集長に感謝申し上げます。また、ＡＳＫアカデミー・ジャパンの松田友一社長とお会いし、その研修に触れることにより、私は飛躍的に事業を伸ばすことができました。研修で学んだことをこの本でも随所に紹介していますが、そのことを快くＯＫいただいた松田社長に心から感謝申し上げます。

「なぜ中野さんは、年収が億を超えて、時間もお金も余裕があるのに、いまでもハードワークしているんですか？」

という質問を、よくされます。

仕事が趣味になっているということもありますが、なにより、一度きりの人生でどこまで成長できるか、どこまで事業を拡大できるかにチャレンジしたいからです。

では、成長を何で測るのか？

私は「どれだけの人が自分のコミュニティとして集まるか」ということと、「世の中に価値を提供した対価である収入」で測れると思っています。


もちろん家族との時間は充分につくっていますし、海外旅行も好きなのでよく行きます。しかし、子どもに仕事をがんばって社会に貢献している親の姿を見せたいという気持ちのほうが大きいのです。


そして、私の人生を変えてくれたメンターに恩返しをしたいのです。

それをメンターに言ったときに、

「恩返しなんかしなくていいよ。その代わり、恩返しじゃなくて、恩送りをするんだ。中野君が得た知識や経験や力を、シェアしたり、伝えたり、分かち合ったりして、恩を送っていきなさい」

と言われました。

そんな生き方ができたらかっこいいと思いましたし、私もメンターに恩を送ってもらって人生が変わったわけなので、今度は私がたくさんの人に恩を送っていこう、と思いました。

だから、いまでもハードワークしているのです。

そしてそれが、メンターに初めてお会いしたときに「何のために生きてるの？」と質問された存在理由の答えになっています。

あなたは何のために生きていますか？

日本という恵まれた場所に生まれ、テクノロジーが進化し、何でもできる時代に生きています。あとは何が必要ですか？　何が不満ですか？

お金がない、時間がない、人脈がない、能力がない……言い訳ばかりしていても、人生は変わりません。

人は誰でも、何かしらのハンディを持っています。

大きなものもあります、小さなものもあります。

解決できるものもあります、解決できないものもあります。

それをあなたが生きるうえで言い訳にしても、なんの進歩もありません。

時間がないあなたは、時間をつくればいいのです。

時間をつくる方法をメンターに相談すればいいのです。

お金がないからできない？　工夫すればいいでしょう。

結婚してるから、子どもがいるから、若いから、歳を取っているから、誰かが反対しているから……それがどうしたんですか？

できない理由を100万回唱えても、メリットはひとつもありません。

できないものは認識し、できるようになるまで努力すればいい。

そして、いまできる最大限をやればいい。

私がこだわってきたのは、「いつも最大限やっている自分自身であるか」「本当に大好きな自分自身であるか」です。

グタグタ言い訳している自分自身は好きですか？　私は嫌いです。

壁にぶつかってすぐにあきらめる自分自身は好きですか？　私は嫌いです。

気分感情に振り回されて、行動しない自分自身は好きですか？　私は嫌いです。

小さなプライドを手放さずに、変化を怖がってチャレンジしない自分自身は好きですか？　私は嫌いです。
4、5人に夢を否定されて、すぐになえている自分自身は好きですか？　私は嫌いです。
私は、自分自身だけは裏切りたくありません。

自分の苦手なことや、嫌だと思うことを先延ばしして、避けて逃げたとしても、また違う形で障害として現れてきます。

だからこそいま、その障害を、メンターや戦友と一緒に乗り越えましょう。まずは一歩、前に踏み出すのです。

成功のカギは自分自身の成長、変化です。

あなたが毎日最大限やって、過去の自分を超えることができたときに、そこには大好きな自分自身が待っています。

あなたが、言葉よりも本気の最大限の行動ができたときに、そこにはあなたの大好きなたくさんの仲間が待っています。

そして後ろを振り向けば、大好きな仲間が、あなたに祝福の拍手を送っています。

そして、そこには輝いている自分自身に、あなたが祝福の拍手を送っています。

「億を稼ぐ人の考え方」を身につけたあなたと、共に笑い、共に感じ、共に喜び、共に目指し、共に達成する関係になれたら最高です。

さあ、いまこそ一歩を踏み出しましょう。

中野祐治

参考文献一覧

『改訂版 金持ち父さん 貧乏父さん』ロバート・キヨサキ 著／白根美保子 翻訳（筑摩書房）
『金持ち父さんのキャッシュフロー・クワドラント』ロバート・キヨサキ 著／白根美保子 翻訳（筑摩書房）
『一生お金に困らない「華僑」の思考法則』大城太 著（日本実業出版社）
『非常識な成功法則』神田昌典 著（フォレスト出版）
『心の壁の壊し方』永松茂久 著（きずな出版）
『自分で決める。』権藤優希 著（きずな出版）
『生き方』稲盛和夫 著（サンマーク出版）
『思考は現実化する』ナポレオンヒル 著／田中孝顕 翻訳（きこ書房）
『人を動かす』デール・カーネギー 著／山口博 翻訳（創元社）
『地道力』國分利治 著（ＰＨＰ研究所）
『年収１億円になる人の習慣』山下誠司 著（ダイヤモンド社）
『７つの習慣』スティーブン・Ｒ・コビー 著／フランクリン・コヴィー・ジャパン 翻訳（キングベアー出版）
『〝気づく〟ことが人生の成功を〝築く〟』松田友一 著（ギャップ・ジャパン）
『働き方の損益分岐点』木暮太一 著（講談社）
『成功する人は、教わり方が違う。』中谷彰宏 著（河出書房新社）
『日本３・０ ２０２０年の人生戦略』佐々木紀彦 著（幻冬舎）

著者プロフィール

中野祐治 （なかの・ゆうじ）

株式会社YAPPY代表取締役。ほかにも複数の会社を経営する実業家。飲食店、オーガニックショップ、人材派遣事業、講演会、業務コンサルティング、ビジネストレーニング事業などを多岐にわたって展開する。大阪府大阪市生まれ。神戸大学卒業後、シャープ株式会社（SHARP）に入社。24歳で経営のメンターと運命的に出会い、そこからメンターに学び始める。26歳のときに親族の借金を肩代わりしていた両親が夜逃げ。借金取りが家に押しかけてくることも経験。その経験から、1回きりの人生を全力で生きると決める。人生において「すべての人を勝利に導く」をビジョンとして掲げ、事業の道に踏み出し、27歳で独立。そのビジョンを実現していくために、「すべての人の幸せのお手伝いをする！」を経営理念として、人々の多様化するニーズやライフスタイルの変化にいち早く応えるために、さまざまなサービスを展開している。39歳ですべての事業からの収入が年収1億円を超える。500人規模から1000人規模の講演会を毎月開催し、多くの若者からメンターと慕われる、いま注目の起業家。

億を稼ぐ人の考え方

2020年 3 月 1 日　第 1 刷発行
2023年12月 1 日　第14刷発行

著　者　　　中野祐治

発行者　　　櫻井秀勲
発行所　　　きずな出版
東京都新宿区白銀町1-13　〒162-0816
電話03-3260-0391　振替00160-2-633551
http://www.kizuna-pub.jp/

ブックデザイン　池上幸一
印刷・製本　　モリモト印刷

ISBN978-4-86663-105-9

きずな出版